企業訴訟
実務問題
シリーズ

森・濱田松本法律事務所［編］

弁護士 荒井太一・安倍嘉一
森田茉莉子・岩澤祐輔 ［著］

Overwork and
Harassment Litigation

過重労働・ハラスメント訴訟

中央経済社

はしがき

　かつて（そして，多くの場合では，今でも），日本において職場は単に生活費を稼ぐ場所を超えた存在であった。「入社」という言葉が示すとおり，それは共同体であり，メンバーでいることに特別の意味があった。多くの労働者にとって職場はアイデンティティーの一部であったといっても過言ではないだろう。その世界観の中で，企業は労働者を解雇することはなく，また，労働者も自ら転職することは一般的ではなかった。そして，いつの間にかそれが社会的な規範にまでなっている。

　だが，これがもたらした弊害も小さくない。その中には，正社員と非正規社員との待遇格差をはじめさまざまなものがあるが，長時間労働とハラスメントもその一部といえよう。

　実は正社員の長時間労働は，日本の「メンバーシップ型」の長期雇用慣行から構造的に引き起こされている問題でもあることが指摘されている。すなわち，日本の職場において，不況期にあっても正社員の雇用を守ろうとする，もしくは守るよう社会的に要請されていることの裏返しとして，好況時には安易に人を採用することはせず（できず），既存の正社員を長時間労働させることで対応するという構造が存在する。また，ハラスメントについても，雇用の流動性に乏しい労働市場においては，上司から理不尽な取扱いを受けても退職することができず，次の人事異動まで，ただ我慢せざるを得ない，という対応をとらざるを得なかったことは想像に難くない（なお，ハラスメントに関する紛争は増加傾向にあるが，これは，従前に比べて，日本の職場でハラスメントが増えているのではなく，むしろパワハラの概念に対する認識が高まったためと考えられよう）。

　そんな背景が無意識的に理解されていたせいもあってか，社会的にも，過労死を招くほどの長時間労働やハラスメントについて，どこか「そうは言っても，やむを得ない」といった風潮も少なくなかったと感じるのは筆者だけであろうか。

　しかし，いまや，社会環境や価値観の急激な変化を受け，こうした価値観は

はしがき

完全に過去のものになった。たとえば，過労死を生じさせた場合，損害賠償責任を負うばかりでなく，重大な行政指導やレピュテーションリスクを引き起こしかねず，企業の経営に大きなインパクトを与えることになる。また，ハラスメントについても，改めて社会問題化していることは昨今の報道でも明らかなとおりである。

本書では，過労死を招くほどの長時間労働やハラスメントなど，劣悪な職場環境によってもたらされる企業の法的リスクについて説明するとともに，万が一，こうした事案をめぐって紛争が生じてしまった場合にとるべき企業の対応を説明するものである。こうした説明が企業にとってのリスク対応の一助となれば幸いである。

しかし，企業にとって本当に重要なことは，こうした事案を生じさせないことである。これは企業のリスクを減らすという意味だけではない。ポスト産業資本主義へと変化した日本においては，今後，雇用が流動化していくことは時代の抗いがたい要請といえるし，労働人口の著しい減少を鑑みれば，人材獲得競争はますます激しくなっていく。こうした状況を考えれば，職場環境の改善は単にリスクを避ける手段にとどまらず，企業の継続のために必要な対応といえよう。

筆者としては，働き方改革の本質は「組織と人」の関係性を見直すことにあると考えている。その関係性を見直すことで，過労死やハラスメントはいわばおのずと予防できると信じている。

末筆となるが，中央経済社の川副美郷氏には多大なるご心配とご迷惑をおかけした。幾度となく締切りを徒過する我々執筆陣を，優しく，ときに厳しく叱咤激励し，なんとか脱稿に導いていただいた川副氏に，心から感謝申し上げたい（なお，同氏の名誉のためおよび本書のテーマに鑑み申し添えると，その叱咤は「業務の適正な範囲」を超えるものではなく，決してハラスメントと評価される態様ではなかった）。

平成30年8月

執筆者を代表して
弁護士　荒井　太一

目　次

第1章　過重労働・ハラスメントをめぐる社会的変化

第1節　過重労働等問題の現状 ―――――――――――――2

第2節　ハラスメントに対する考え方の変化 ――――――――5

第2章　過重労働

第1節　法令上の規制 ――――――――――――――――8

① 法定労働時間と三六協定／8
② 長時間労働の規制とリスク／9
③ 強化される労働時間規制／11

第2節　業務上災害（労災）をめぐるリスク ――――――――13

① 労災補償制度の概要／13
　(1) 労災補償制度の趣旨／13　(2) 労働基準法および労災保険法における労災補償／14　(3) 給付対象／14　(4) 給付内容／15　(5) 労災認定の効果／15　(6) 労災補償の手続／16
② 労災給付にかかる訴訟と使用者の関係／17
　(1) 労災給付にかかる訴訟に対する使用者の参加／17
　(2) 労災給付と使用者に対する損害賠償請求訴訟の関係／18

1

目　次

③　脳・心臓疾患／19
　　(1)　対象となる疾病／19　　(2)　厚生労働省の認定基準／20
④　精神障害／21
　　(1)　対象となる疾病／22　　(2)　精神障害の認定基準／22　　(3)　精神障害による自殺／25　　(4)　発病後の悪化／26
⑤　裁判所の立場／26
⑥　主張・立証上のポイント／27
　　(1)　労働者性／28　　(2)　労働時間（量的な過重性）／31　　(3)　労働の密度（質的な過重性）／35　　(4)　異常な出来事／37　　(5)　ハラスメント／39
　　(6)　私的リスクファクター／39　　(7)　消滅時効／43

第3節　過重労働による損害賠償請求訴訟　　　　　　　　44

① 過重労働による労災民訴事案の全体像／45
　　(1)　労災申請との関係／45　　(2)　労働者（遺族）からの接触／45
　　(3)　損害賠償請求／46　　(4)　早期和解の検討と労働者側とのコミュニケーション／46
② 損害賠償請求の法律構成／48
　　(1)　不法行為に基づく損害賠償請求／48　　(2)　債務不履行に基づく損害賠償請求／48　　(3)　不法行為構成と債務不履行構成の関係／49　　(4)　損害賠償請求の相手方／52
③ 安全配慮義務の内容／53
④ 因果関係の存在／55
　　(1)　脳・心臓疾患事案／56　　(2)　精神障害事案／57
⑤ 損害の発生およびその数額／58
　　(1)　積極損害／58　　(2)　消極損害／60　　(3)　慰謝料／63　　(4)　弁護士費用／64　　(5)　遅延損害金／64
⑥ 過失相殺，素因減額／65
　　(1)　過失相殺／65　　(2)　素因減額／67
⑦ 損益相殺／70
　　(1)　労災保険給付と損害賠償の調整／70　　(2)　その他損益相殺が問題となる事由／72
⑧ 主張・立証上のポイント／73

(1)　安全配慮義務違反の不存在／73　　(2)　因果関係の否定／80
　　　(3)　損害／81　　(4)　過失相殺／82　　(5)　素因減額／84
　　　(6)　損益相殺／85
　⑨　役員・労働者の個人責任／86
　　　(1)　概要／86　　(2)　裁判例／86　　(3)　主張・立証上のポイント／91

第3章　ハラスメント

第1節　ハラスメント総論——————————————94

第2節　セクシュアルハラスメント————————————96

　① 定　　義／96
　　　(1)　「職場において」とは／96　　(2)　「労働者」とは／97　　(3)　「意に反する性的な言動」／98
　② 職場におけるセクハラの内容／102
　③ セクハラの加害者と被害者／104

第3節　パワーハラスメント——————————————106

　① 定　　義／106
　　　(1)　職場内の優位性／106　　(2)　業務の適正な範囲／107　　(3)　身体的もしくは精神的な苦痛を与えることまたは就業環境を害すること／108
　② パワハラの6類型／109
　　　(1)　業務指導の範囲と暴言／111　　(2)　教育・指導的見地との関係／114
　③ 顧客や取引先からの著しい迷惑行為／115

第4節　マタニティハラスメント—————————————117

　① 総　　論／117
　② 妊娠・出産，育児休業等を理由とした不利益取扱い／118

　　　　(1)　原則／118　　(2)　例外／120
　　③　妊娠・出産，育児休業等に関するハラスメントの防止措置義務／121
　　　　(1)　制度等の利用への嫌がらせ型／121　　(2)　状態への嫌がらせ型／123
　　　　(3)　例外／124

第5節　ハラスメントに関連する訴訟　　　　　　　　125

① 被害労働者からの損害賠償請求訴訟／125
　　　　(1)　損害賠償請求の法律構成／125　　(2)　損害賠償請求の相手方／126
　　　　(3)　損害賠償請求訴訟における判断枠組み／130
　　　　(4)　主張・立証上のポイント／131
② 被害労働者に対する不利益的取扱いに関する訴訟／142
　　　　(1)　訴訟の類型と判断基準／142
　　　　(2)　主張・立証上のポイント／144
③ 加害労働者に対する懲戒処分に関する訴訟／148
　　　　(1)　懲戒処分の一般原則／148
　　　　(2)　地位確認請求訴訟における判断枠組み／150
　　　　(3)　主張・立証上のポイント／150
④ 訴訟における和解の可能性／158
　　　　(1)　被害労働者との和解／158
　　　　(2)　加害労働者との和解／159

第6節　ハラスメント被害が発覚した際の対応方法　　　　　160

① ハラスメントへの対応手続と訴訟実務／160
② 使用者における措置義務／160
　　　　(1)　措置義務の内容／160　　(2)　主張・立証上のポイント／161
③ 相談における対応／162
　　　　(1)　被害者への慎重な対応が求められる／162　　(2)　相談時の留意点／163
　　　　(3)　主張・立証上のポイント／165
④ 適正な調査手続／165
　　　　(1)　調査の順序／165　　(2)　ヒアリング結果の証拠化／166

第4章　過重労働・ハラスメントに関連する休職・解雇訴訟

第1節　はじめに ―――――― 170

第2節　私傷病休職制度に基づく解雇・退職等 ―――――― 171

1. 私傷病を理由とする欠勤の法律上の意味／171
2. 私傷病休職の意義／171
3. 休職命令を経ない解雇／172
   - (1) 休職命令を経ない解雇の効力／172　(2) 医師への受診命令／175
4. 休職期間満了による解雇・退職をめぐる訴訟／177
   - (1) 復職の要件／177　(2) 医師の診断／185
   - (3) 医師の診断に関する主張・立証上のポイント／189
   - (4) その他の主張・立証上のポイント／192

第3節　業務上災害（労災）と解雇 ―――――― 194

1. 業務上災害（労災）と解雇の制限／194
   - (1) 労基法19条1項本文の規定／194
   - (2) 打切補償の支払による適用除外／195
   - (3) 労基法19条に関連する訴訟／196
2. 労基法19条と休職期間満了の解雇（退職）に関連する訴訟／200

事項索引 ―――――― 202
判例索引 ―――――― 206

凡　例

■ **法　律**

育児・介護休業法：	育児休業，介護休業等育児又は家族介護を行う労働者の福祉に関する法律
男女雇用機会均等法：	雇用の分野における男女の均等な機会及び待遇の確保等に関する法律
労基法：	労働基準法
労基法施行規則：	労働基準法施行規則
労災保険法：	労働者災害補償保険法
労働者派遣法：	労働者派遣事業の適正な運営の確保及び派遣労働者の保護等に関する法律
労働保険徴収法：	労働保険の保険料の徴収等に関する法律

第1章

過重労働・ハラスメントをめぐる社会的変化

　「過労死」はかつてから日本型雇用の悪しき特徴として知られていたが改善は進まなかった。しかし，政府が抜本的な対策を打ち出したこともあり，ここ数年，過重労働に対する社会環境は大きく変化し，企業にとってそのリスクは従前とは比較にならないほど大きくなっている。また，これと軌を一にして，職場環境を悪化させる「ハラスメント」を防止する必要性も広く認識されてきている。企業にとって，その背景事情とリスクを適切にとらえなおしたうえで，過重労働を防止するための対策を適切にとることが急務といえる。

第1節 過重労働等問題の現状

　過重労働等を原因として，労働者が脳出血，脳梗塞，心筋梗塞または虚血性心疾患等（以下「脳・心臓疾患」という）を発症して死亡に至るいわゆる「過労死」や，うつ病等の精神障害に罹患して自殺するいわゆる「過労自殺」はかねてより日本の労働環境を象徴する社会問題とされている。

　厚生労働省「平成29年版過労死等防止対策白書」によれば，業務における過重な負荷により脳・心臓疾患を発症したとする労災認定件数は，例年200件台後半から300件台前半の間で推移しており，そのうちの死亡件数は，約100件程度生じている。同じく，業務における強い心理的負荷による精神障害を発病したとする労災認定件数は，約400件程度生じており，そのうち死亡件数は約90件程度となっている。

　そんななか，安倍政権は政策目標として長時間労働・過重労働等に取り組むことを宣言し，平成26年から行政の取組みが本格化した（下表参照）。

・平成26年6月	「日本再興戦略」改訂2014において，「働き過ぎ防止のための取組強化」が盛り込まれる
・平成26年6月	「過労死等防止対策推進法」が成立
・平成27年4月	過重労働撲滅特別対策班（通称「かとく」）を東京労働局・大阪労働局に設置
・平成28年4月	本省に「過重労働撲滅特別対策班」を設置 47局で「過重労働特別監督管理官」を任命
・平成28年9月〜	働き方改革実現会議
・平成28年10月	大手広告代理店の従業員の自殺は長時間の過重労働が原因だったとして労災認定

> - 平成29年1月　　厚労省「労働時間の適正な把握のために使用者が講ずべき措置に関するガイドライン」公表
> - 平成30年7月　　「過労死等の防止のための対策に関する大綱」の変更を閣議決定

　特に，「かとく」設置後は，大手小売業に対する違法残業について刑事事件として立件したうえで，当該企業および責任者を書類送検するなど，従来とは次元の異なる取組みを本格化させてきた。

　さらに，平成28年10月，三田労働基準監督署は，大手広告代理店に勤務していた労働者の自殺について，過重労働を原因とする「過労死」であると認定した。この際，労働行政は同社に対して強制捜査を含む徹底的な調査を行ったこともあり，同事件および同社における過重労働の実態がセンセーショナルに報道されるに至った。

　そして，かかる一連の報道を契機として，このような不幸な事件について二度と繰り返してはならないとの問題意識が社会に共有されるに至ったように思われる。

　そこで，**第2章**においては，長時間労働問題が企業に対して引き起こす法的リスクとその内容について詳述するとともに，万が一訴訟に発展した場合の企業対応について説明する。

　なお，一般に，採用や解雇等にかかる労働の固定費が大きい（雇用の流動性が低い）と，企業にとって，雇用者数よりも1人ひとりの労働時間を多くすることが合理的となり，平時に労働者に長時間労働させ，不況時には労働時間の削減によって人件費調整が行われるとされており，日本における長時間労働の一部は，いわゆる日本的雇用慣行の下で長期雇用が存在していることの代償と解釈できることが指摘されている[1]。実務上もこうした背景が意識的または無意識的に理解されていたように思われ，このために，過重労働も必要悪として許容されてきたきらいがあるように思われる。

　今後，より長時間労働に対する規制が強まるなか，労務管理による効率性の

1　山本勲＝黒田祥子『労働時間の経済分析』（日本経済新聞出版社，2014年）187頁。

向上や，技術革新により生産性を向上する努力に取り組むことが望まれるが，他方では，雇用の流動性を高めることで解決を目指す企業も生じうるであろうし，かかる行動は上記のとおり一定の合理性を有するといわざるを得ない側面もあろう。

第2節
ハラスメントに対する考え方の変化

　また，長時間労働と同様に，ハラスメントについての考え方も大きく変化しつつある。

　職場におけるセクシュアルハラスメント（以下「セクハラ」という）については，厚生労働省が定める指針[2]において，「事業主が職場において行われる性的な言動に対するその雇用する労働者の対応により当該労働者がその労働条件につき不利益を受け，又は当該性的な言動により当該労働者の就業環境が害されること」と定義して以来，かかる言動が職場において避けるべきであるとのモラルは実務においても完全に定着したように思われる。

　他方，職場におけるパワーハラスメント（以下「パワハラ」という）については，法令上の規制も定義も存在しない。もっとも，平成26年1月に公表された，政府の「職場のいじめ・嫌がらせ問題に関する円卓会議ワーキング・グループ」の報告書において，「同じ職場で働く者に対して，職務上の地位や人間関係などの職場内の優位性を背景に，業務の適正な範囲を超えて，精神的・身体的苦痛を与える又は職場環境を悪化させる行為をいう」と定義され，現在はこれが一般的に用いられている。

　なお，厚生労働省によれば，都道府県労働局等で受理された「いじめ・嫌がらせ」に関する相談は年々増加し，平成24年度には相談内容のなかでトップとなっており，かつては，業務上の指導・教育として許容されてきた行為についても，労働者から違法なパワハラであると主張される機会も増加し，経営層や

　2　「事業主が職場における性的な言動に起因する問題に関して雇用管理上講ずべき措置についての指針」（平18・10・11厚生労働省告示615号）。

マネジメント職にある労働者においても価値観の変容が迫られている。

　さらに，こうしたハラスメント（ここでは特にパワーハラスメント）の防止は，過労死等への取組みのなかでも注目されている。すなわち，厚生労働省による「『過労死等ゼロ』緊急対策」においては，過労死等の一因となるメンタルヘルス問題を引き起こすパワーハラスメントの問題があることが指摘され，労働行政として，メンタルヘルス対策に係る企業や事業場への個別指導等の際にパワハラ対策の必要性，予防・解決のために必要な取組み等も含め指導を行うことが記載されている。

　ハラスメントは，それ自体が違法行為として企業の法的責任を招きかねない行為であるが，さらに，これを受けた労働者のメンタルヘルスを害し，場合によっては過労死等の事態も引き起こす。仮にそうなれば，企業および経営陣に対する責任追及や社会的非難はより一層厳しいものとなる。そこで，**第3章**において，ハラスメントのリスクおよびこれが発生した場合の訴訟対応について詳述する。

第2章

過重労働

　過重労働の労働者が何らかの疾病に罹患したときに、使用者としてまず懸念しなければならないのが、当該労働者に対して労災が認定されるか、という点である。このことは、最終的には、労働者から使用者に対する損害賠償責任の追及という形で使用者に対するリスクが顕在化することになる。そこで、本章では、過重労働の場合の労災をめぐる問題点や使用者としてできること、および使用者に対する損害賠償責任訴訟において留意すべき点について概説する。

第1節

法令上の規制

1 法定労働時間と三六協定

　労働基準法において，使用者は労働者に1日8時間，1週間について40時間を超えて労働させてはならないことが規定されている。

　しかし，事業所ごとに労使協定（いわゆる「三六協定」）を締結し行政官庁に届け出た場合には三六協定の定めの範囲内で残業を行わせることができる。

　もっとも，この三六協定による時間外労働の限度については労働大臣による告示[1]（以下「時間外限度基準告示」という）が示されており，たとえば，1カ月の時間外労働の上限時間は45時間と定められている。

　したがって，かかる時間外労働の上限時間の指針に従う限りにおいては，長時間労働は起きえないはずである。ところが，実際に長時間労働が生じるのは主に以下の理由による。

　まず，時間外限度基準告示において，特別な事情がある場合には，三六協定による時間外労働の上限時間をさらに延長することができること（いわゆる「特別条項」）が規定されている。かかる特別条項にあらかじめ定めておくことで，月100時間といった時間外労働を行うことも可能となっている（なお，特別条項により延長できる労働時間の上限については時間外限度基準告示においても特に定められていない）。

　次に，この時間外限度基準告示は労働行政の指導のための指針にすぎず，強

---

[1] 平10・12・28労告154号「労働基準法第36条第1項の協定で定める労働時間の延長の限度等に関する基準」。

行的な基準を設定する趣旨ではない。したがって，労使が合意のうえ時間外限度基準告示を超える三六協定を締結すること（たとえば，時間外労働の上限時間を月60時間と定めること）も可能である。このような三六協定について，労働基準監督署（以下「労基署」という）として，時間外限度基準告示に従った水準での協定を締結するよう指導を行うことはあっても，労基署が届け出を拒否することはできない。したがって三六協定さえ締結できれば，理論上は長時間労働については際限なく行わせることが可能である。

さらには，そもそも三六協定を順守しない事例も散見される。たとえば，三六協定を超える時間外労働を行っている場合であっても，労働者が労働時間を過少に申告したり，または，管理監督者が記録された労働時間を改ざんするなどの行為により，三六協定を順守しているかのように扱う行為が典型的といえる。

2 長時間労働の規制とリスク

上記のような長時間労働を行った場合，企業にはどのようなリスクが生じるか。

まず，三六協定を超える労働を行った場合には，労基法違反となり，6カ月以下の懲役または30万円以下の罰金が科せられるおそれがある。もっとも，ほとんどの事例においては，行政指導によって是正を求められ（いわゆる「是正勧告」），これに基づき改善を行うなどして真摯に対応する限り，刑事事件となることは稀である。

なお，上記のとおり，こうした三六協定を超えるような違法な長時間労働が行われている場合，三六協定への抵触を避けるため等の目的から，残業を行ったことが記録されないことも散見される。この場合，当該記録されなかった残業については賃金が支払われないこととなるため，かかる賃金不払いもやはり労基法違反（6カ月以下の懲役または30万円以下の罰金）となる点に留意する必要がある。

さらに，厚生労働省は，平成27年より，違法な長時間労働や過労死等が複数の事業場で認められた企業については，企業名を公表するとの制度を設けてお

り，平成29年にはかかる手続について拡充を行っている。

　すなわち，かかる企業名公表は，⑴前述の労基署からの指導のほか，⑵労基署長による企業の経営幹部に対する指導，そして⑶労働局長による企業の経営トップに対する指導および企業名公表，の３段階を経て行われる。

　このうち，上記⑵労基署長による企業の経営幹部に対する指導がなされるのは，複数の事業場を有する社会的に影響力の大きい企業であって，おおむね１年程度の期間に２カ所以上の事業場で，下記アないしウのいずれかに該当する実態が認められる企業である。

> ア　監督指導において，１事業場で10人以上または当該事業場の４分の１以上の労働者について，①１カ月当たり80時間を超える時間外・休日労働が認められること，かつ，②労働基準法32・40条（労働時間），35条（休日労働）または37条（割増賃金）の違反（以下「労働時間関係違反」という）であるとして是正勧告を受けていること。
> イ　監督指導において，過労死等に係る労災保険給付の支給決定事案（以下「労災支給決定事案」という）の被災労働者について，①１カ月当たり80時間を超える時間外・休日労働が認められ，かつ，②労働時間関係違反の是正勧告または労働時間に関する指導を受けていること。
> ウ　上記アまたはイと同程度に重大・悪質である労働時間関係違反等が認められること。

　次に，⑶労働局長による企業の経営トップに対する指導および企業名の公表は以下のアまたはイのいずれかに該当する企業が対象となる。

> ア　上記⑵にともなって行われる全社的監督指導の結果，上記⑵アまたはイの実態（ただし，上記⑵イにあっては，労働時間関係違反の是正勧告を受けている場合に限る）が認められること。
> イ　おおむね１年程度の期間に２カ所以上の事業場で，下記㋐または㋑のいずれかに該当する実態が認められ，そのうち，下記㋑の実態が１カ所以上の事業場で認められること。

(ア) 監督指導において，1事業場で10人以上または当該事業場の4分の1以上の労働者について，①1カ月当たり100時間を超える時間外・休日労働が認められること，かつ，②労働時間関係違反であるとして是正勧告を受けていること。

(イ) 監督指導において，過労死に係る労災支給決定事案の被災労働者について，①1カ月当たり80時間を超える時間外・休日労働が認められ，かつ，②労働時間関係違反の是正勧告を受けていること。

これらを表に示すと以下のとおりとなる。

【是正指導段階での企業名公表制度の強化について（複数の事業場を有する大企業が対象）】

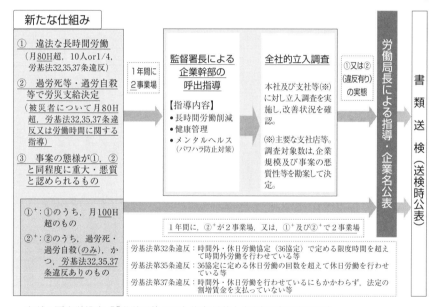

出所：厚生労働省「『過労死等ゼロ』緊急対策」（平成28年12月26日）

3 強化される労働時間規制

また，①記載のとおり，現在は三六協定の内容次第では際限なく時間外労働

を行わせることが可能であるとの点が問題視されたことから、平成30年の通常国会にて労働基準法が改正され、法律上の上限が設けられた。

具体的には、現行の時間外限度基準告示を法律に格上げし、罰則による強制力を持たせるとともに、従来、上限なく時間外労働が可能となっていた臨時的な特別の事情がある場合として労使が合意した場合であっても、上回ることのできない上限が設定された。改正内容の詳細は以下のとおりである。

- 時間外労働の上限規制は、現行の時間外限度基準告示のとおり、労働基準法に規定する法定労働時間を超える時間に対して適用されるものとし、上限は原則として月45時間、かつ、年360時間とする。かつ、この上限に対する違反には、以下の特例の場合を除いて罰則を課す。また、1年単位の変形労働時間制にあっては、あらかじめ業務の繁閑を見込んで労働時間を配分することにより、突発的なものを除き恒常的な時間外労働はないことを前提とした制度の趣旨に鑑み、上限は原則として月42時間、かつ、年320時間とする。
- 上記を原則としつつ、特例として、臨時的な特別の事情がある場合として、労使が合意して労使協定を結ぶ場合においても上回ることができない時間外労働時間を年720時間とする。

  かつ、年720時間以内において、一時的に事務量が増加する場合について、最低限、上回ることのできない上限として、
  ① 休日労働を含み、2カ月ないし6カ月平均で80時間以内
  ② 休日労働を含み、単月で100時間未満
  ③ 原則である月45時間（1年単位の変形労働時間制の場合は42時間）の時間外労働を上回る回数は、年6回までとする。なお、原則である月45時間の上限には休日労働を含まないことから、①および②については、特例を活用しない月においても適用されるものとする。

第2節

業務上災害（労災）をめぐるリスク

　労働者が過重労働やハラスメントによって何らかの傷病に罹患した場合，当該傷病が「業務上災害」（いわゆる「労災」。以下でも基本的に「労災」と呼ぶ）ではないのかをめぐり，紛争になることが多い。また，本書のテーマである過重労働とハラスメントにおいて，労災において主として問題となるのは，脳・心臓疾患と精神疾患である。そこで，本節では，上記2つの疾病を中心に，労災の内容，基準，企業におけるリスクの観点から，主張・立証上の留意点を概説する。

1　労災補償制度の概要

(1)　労災補償制度の趣旨
　本来であれば，使用者の業務が原因で傷病等に罹患した労働者は，使用者に対し，労働契約の債務不履行による損害賠償を請求するのが原則である。この場合には，民法の一般原則である過失責任の原則が適用されることになる。これに対し，現行の労災補償制度においては，雇用の過程で労働者に発生した傷病であれば，使用者の「過失の有無を問わず」補償の対象となるところが大きなポイントである。したがって，労災認定は，ときとして，使用者の個別的責任の範囲を超えたところであっても，認定されることがある。これは，使用者は，労働者を労働契約に基づき指揮命令下に置く以上，業務に内在する危険が現実化して労働者が被災した場合には，過失がなくても危険を負担し，労働者の損失填補に当たるべきとする「危険責任の法理」に基づくものである[2]。

(2) 労働基準法および労災保険法における労災補償

労基法8章では、「災害補償」として、労働者が業務上負傷し、疾病にかかり、または死亡した場合は、一定の補償をすることが使用者に義務付けられている。しかし、他方で、同法84条1項においては、「この法律に規定する災害補償の事由について、労働者災害補償保険法又は厚生労働省令で指定する法令に基づいてこの法律の災害補償に相当する給付が行なわれるべきものである場合においては、使用者は、補償の責を免れる。」と規定しており、実質的に災害補償の内容については、労災保険法により決定されている。その結果、災害補償は労災保険法に基づき国が実施することとなり、使用者は、後述する不法行為や安全配慮義務違反に基づく損害賠償義務を除き、労基法上の災害補償義務から解放されることとなった（なお、上記損害賠償義務においても、災害補償が行われた金額については、損益相殺の対象となる）[3]。

(3) 給付対象

① 労働者性

労災保険は、労働者を使用する全事業が適用事業とされ（労災保険法3条1項）、給付を受ける対象となるのも、労働者である（労基法8章）。したがって、この場合の「労働者」とは、労基法9条に規定される「事業又は事務所に使用される者で、賃金を支払われる者」を指す。この点、個人事業主や取締役等、雇用契約を締結していない場合であっても、実質的に労働者であると判断される場合には、労災給付の対象となりうる。

② 特別加入

中小事業主、自動車運送業・土木建築業等の個人業者・一人親方、これらの事業主の労働者、家内労働者、海外派遣者などについては、労基法上の労働者

---

[2] 白石哲編著『裁判実務シリーズⅠ 労働関係訴訟の実務（第2版）』（商事法務、2018年）497頁。

[3] なお、労働基準法には規定はないが、労災保険法上は、業務上災害のほかに、通勤による負傷、疾病、障害または死亡に対して支給する通勤災害に関する給付や、健康診断の血圧検査、血液検査等で異常所見の診断が出た者に対する二次健康診断等給付がある。もっとも、本書のテーマとはやや外れるため、ここでは取り扱わない。

でなくても，国に申請し承認を得ることによって，労災給付を受ける対象とすることができる（労災保険法33条〜37条，労災保険法施行規則46条の16〜46条の27）。

(4) 給付内容

労災が認定された場合に支給される給付としては，以下のものがある。

①療養補償給付	診察，薬剤・治療材料，手術等療養に必要な費用（労災保険法12条の8第2項，労基法75条）
②休業補償給付	療養のため，労働することができないために賃金を受けない場合に支給（労災保険法12条の8第2項，労基法76条）
③障害補償給付	労働者の傷病が治った場合において，その身体に障害が存するときに，その障害の程度に応じて支給（労災保険法12条の8第2項，労基法77条）
④遺族補償給付	労働者が業務上死亡した場合に遺族に支給（労災保険法12条の8第2項，労基法79条）
⑤葬祭料	労働者が業務上死亡した場合において，葬祭を行う者に対して支給（労災保険法12条の8第2項，労基法80条）
⑥傷病補償年金	業務上負傷し，または疾病にかかった労働者が，当該負傷または疾病に係る療養の開始後1年6カ月を経過した日において当該負傷または疾病が治っておらず，かつ当該負傷または疾病による障害等級が1級から3級（全部労務不能）の場合に支給（労災保険法12条の8第3項）
⑦介護保障給付	障害補償年金または傷病補償年金を受ける権利を有する労働者が，その受ける権利を有する障害補償年金または傷病補償年金の支給事由となる障害であって厚生労働省令で定める程度のものにより，常時または随時介護を要する状態にあり，かつ，常時または随時介護を受けているときに支給（労災保険法12条の8第4項）

(5) 労災認定の効果

労災と認定された場合，業務上災害により療養のために休業中および休業から復職した後30日間は，原則として解雇することができない（労基法19条1項

前段)。この例外は，療養開始後3年を経過しても傷病が治らない場合に，使用者が平均賃金の1,200日分（いわゆる打切補償）を支払った場合である（同項後段，同法81条)[4]。

これが特に問題となるのは，私傷病休職における休職期間満了の場合である。すなわち，使用者においては，労働者が何らかの疾病に罹患した場合には，基本的に業務外の私傷病であるとの前提の下，休職手続を行うことが多い。後記のとおり，私傷病休職とは解雇猶予の制度であり，休職期間満了までに復職できなければ解雇（退職）されるところ，仮に上記疾病が労災であった場合には，解雇（退職）が無効と判断される可能性があるからである（私傷病休職については後記**第4章**参照)[5]。

(6) 労災補償の手続
① 行政機関における判断手続
(a) 労災給付の申請

労災給付の申請手続は，実務上は使用者が代行して行う場合も多いが，法律上の請求権者は労働者，遺族または葬祭を行う者である（労災保険法12条の8第2項）。申請先は，原則として所轄の労働基準監督署である。

(b) 所轄労働基準監督署の調査・判断

申請を受理した所轄労働基準監督署は，使用者の調査を実施する。調査においては，就業規則や労働時間管理に関する資料等の提出を求めるほか，直属の上司や同僚等に対してヒアリングを行い，申請労働者の労働環境を確認していくことになる。

(c) 支給または不支給の決定

調査を経て，所轄労働基準監督署の署長が，労災給付の支給または不支給の決定を行う（労災保険法施行規則1条3項）。

4　なお，療養開始後3年経過時点で傷病補償年金を受けている場合または同日後において傷病補償年金を受けることとなった場合には，労基法81条の打切補償を支払ったとみなされる（労災保険法18条・19条）。

5　休職期間満了による退職後に労災認定され，退職扱いが無効と判断された裁判例として，アイフル（旧ライフ）事件・大阪高判平24・12・13労判1072号55頁。

不支給決定が下りた場合で決定に不服がある場合には，労働者災害補償保険審査官に審査請求をすることができ，さらにその審査決定に不服がある場合には，労働保険審査会に対して，再審査請求をすることができる（労災保険法38条）。

② 裁判所における不支給決定取消訴訟

前記の審査官あるいは審査会の不支給決定も，行政処分であるから，これに不服がある者は，行政訴訟を提起することが可能である。そこで，労働者災害補償保険審査官あるいは労働保険審査会の判断に不服がある者は，さらに，裁判所に処分の取消しを求めて提訴することができる[6]。

2　労災給付にかかる訴訟と使用者の関係

(1)　労災給付にかかる訴訟に対する使用者の参加

労災給付をめぐる紛争は，前記のとおり原則として労災給付を求める労働者あるいは遺族と，労災給付を不支給とする決定をした国の間で発生するものであり，使用者がただちに訴訟の当事者となるわけではない。

しかし，労働保険徴収法2条3項によれば，一定規模以上の事業については，当該事業の基準日以前3年間における業務災害による保険給付の額に応じ，労災保険料率が一定範囲内で引き上げまたは引き下げられることとなっており（メリット制），労災給付がなされることによって，労災保険料が増大する可能性があり，使用者としても無関心ではいられない。そこで，上記の労災給付をめぐる紛争に，使用者が参加できるかが問題となる。

この点，まず，労働者の遺族が提起した国の労災給付の不支給決定に対する取消訴訟において，当該労働者の使用者が補助参加（民事訴訟法42条）を申し出た事例において，裁判所は，「労災保険給付の不支給決定の取消判決が確定すると，行政事件訴訟法33条の定める取消判決の拘束力により労災保険給付の支給決定がされて保険給付が行われ，次々年度以降の保険料が増額される可能

6　ただし，処分取消しの訴えは，労働災害補償保険審査官の決定を経た後でなければ提訴することはできない（労災保険法40条）。

性があるから，当該事業の事業主は，労働基準監督署長の敗訴を防ぐことに法律上の利害関係を有し，これを補助するために労災保険給付の不支給決定の取消訴訟に参加をすることが許される」として，補助参加の利益を肯定した[7]。

さらに，上記保険料増額の可能性があることをもって，使用者自身に，労災給付の支給処分に対する取消訴訟における原告適格を有するか（行政事件訴訟法9条1項の「法律上の利益を有する者」といえるか）。この点について裁判例は，同項の「法律上の利益を有する者」とは，「当該処分により自己の権利若しくは法律上保護された利益を侵害され又は必然的に侵害されるおそれのある者」であるとしたうえで[8]，使用者は労災給付の支給処分の名宛人ではないものの，「処分の法的効果により労働保険料の納付義務の範囲が増大して直接具体的な不利益を被るおそれがあり，他方，同処分がその違法を理由に取り消されれば，当該処分は効力を失い，当該処分に係る特定事業主の次々年度以降の労働保険料の額を算定するに当たって，当該処分に係る業務災害保険給付等の額はその基礎とならず，これに応じた労働保険料の納付義務を免れ得る関係にある」として，原告適格を肯定した[9]。

(2) 労災給付と使用者に対する損害賠償請求訴訟の関係

また，後述するとおり，労災給付の要件となる業務起因性の判断においては，業務と労働者の傷病の間に相当因果関係があるか否かが判断される。そして，この相当因果関係は，労働者あるいは遺族の，使用者に対する安全配慮義務違反を理由とする損害賠償請求における要件の一つである相当因果関係と，重なる部分がある。そのため，労災給付の支給決定がなされるかどうかは，使用者に対する損害賠償請求の認定において，事実上大きな影響力を持つ。そのため実際にも，業務により傷病に罹患したと考える労働者（またはその遺族）が，まず労災申請を行い，労災給付の支給決定が下りた段階で，使用者に対して損害賠償請求を行ってくることも多い。したがって，メリット制の適用の有無にかかわらず，使用者としては，自身に対する労働者（あるいは遺族）による損

---

[7] レンゴー事件・最判平13・2・22労判806号12頁。
[8] 最判昭53・3・14民集32巻2号211頁，最判平4・9・22民集46巻6号1090頁。
[9] 医療法人社団X事件・東京地判平29・1・31労経速2309号3頁。

害賠償請求に備えるためにも，労災給付の申請が所轄労働基準監督署に提出される段階から，労災の支給決定に至るまで，所轄労働基準監督署の動向を注視する必要がある[10]。さらに，使用者は，労災の申請に際しては，労働基準監督署に意見を申し出ることができる（労災保険法施行規則23条の２）。この意見は，申し出ることができるだけで，労働基準監督署に対して法的な拘束力があるわけではないが，業務起因性を判断するうえでの一つの参考資料にはなると考えられる。したがって，使用者は，特に労働者の傷病と業務との因果関係に疑義がある場合などには，意見を具申し，公正な判断のために有用な情報・資料を積極的に提供することで，労働基準監督署に慎重な判断を求めることが望ましい。それによって不公正な労災認定が予防されれば，結果として使用者に対する損害賠償請求を予防することにもつながるからである。

3 脳・心臓疾患

(1) 対象となる疾病

脳・心臓疾患のうち，業務上の疾病とされるのは，「長期間にわたる長時間の業務その他血管病変等を著しく増悪させる業務による脳出血，くも膜下出血，脳こうそく，高血圧性脳症，心筋梗塞，狭心症，心停止（心臓性突然死を含む）もしくは解離性大動脈瘤またはこれらの疾病に付随する疾病」である[11]。

脳・心臓疾患は，血管病変等の形成，進行および増悪によって発症し，これには，主に加齢，食生活，生活環境等の日常生活による諸要因や遺伝等の個人に内在する要因が密接に関連しており，業務は，血管病変等の形成にあたって直接の要因とはならない。しかし，業務による過重な負荷が加わることにより，発症の基礎となる血管病変等が自然的経過を超えて著しく増悪し，脳・心臓疾患が発症する場合があることは，医学的に広く認知されている[12]。

---

10 ただし，前掲注７・最判平13・２・22（レンゴー事件）は，業務起因性の判断は理由中の判断にすぎず，労災給付の不支給決定取消訴訟と安全配慮義務違反に基づく損害賠償請求訴訟とでは審判の対象および内容が異なるとして，上記事実上の影響力を理由とする補助参加の利益については否定している。
11 労働基準法75条２項，同法施行規則35条・別表１の２第８号。

(2) 厚生労働省の認定基準

　この脳・心臓疾患が労災認定される基準については，厚生労働省は，従前より労災認定の基準を定めていたが[13]，当該基準に基づいて行政が認定した業務上外の認定が裁判所において取り消される事例が相次ぎ，その後徐々に基準の要件が緩和され，現在の「脳血管疾患及び虚血性心疾患等（負傷に起因するものを除く。）の認定基準について」に至っている（以下「脳・心臓疾患認定基準」という）[14]。

　労働者の罹患や死亡等の災害が業務上発生したといえることを，「業務起因性」があると称するのが一般であるところ[15]，脳・心臓疾患認定基準においては，脳・心臓疾患が，「<u>業務による明らかな過重負荷</u>が加わることによって，血管病変等がその<u>自然的経過を超え著しく増悪</u>」した結果，発症した場合に業務起因性があると判断しており，「過重負荷」であるかどうかが重要な要素となる[16]。この「過重負荷」の具体的な内容について，認定基準においては，以下の点を総合的に考慮して判断している。

①　異常な出来事

発症直前から前日までの間に，

- 極度の緊張，興奮，恐怖，驚がく等の強度の精神的負荷を引き起こす突発的または予測困難な異常な事態
- 緊急に強度の身体的負荷を強いられる突発的または予測困難な異常な事態
- 急激で著しい作業環境の変化

が起きていなかったか。

12　国・中央労基署長（JFEスチール）事件・東京地判平26・12・15労判1112号27頁参照。
13　昭62・10・26基発第620号，平7・2・1基発第38号。
14　平13・12・12基発第1063号，平22・5・7基発0507第3号。
15　荒木尚志『労働法（第3版）』（有斐閣，2016年）250頁。なお，事故性の傷病においては，行政実務は，業務起因性の判断の前提として，「業務遂行性」，すなわち災害が事業主の支配ないし管理下にあるときに発生したかを判断していた。しかし，疾病においては，業務起因性が重要であり，業務遂行性は有用ではない。
16　ここでいう「自然的経過」とは，加齢，一般生活等において受ける通常の要因による血管病変等の形成，進行および増悪の経過をいう。

② 短期間の過重業務

発症前おおむね1週間において，

- 継続した長時間労働や休日労働
- 不規則な業務
- 拘束時間の長い業務
- 出張の多い業務
- 交替制勤務・深夜勤務
- 温度，騒音，時差等作業環境の負荷の多い業務
- 精神的緊張をともなう業務

に従事していなかったか。

③ 長期間の過重労働

発症前おおむね6カ月間において，

- 発症前1カ月間ないし6カ月間にわたって，1カ月当たりおおむね45時間を超える時間外労働が認められる場合，時間外労働時間が長くなるほど，業務と発症との関連性が徐々に強まる
- 発症前1カ月間におおむね100時間または発症前2カ月間ないし6カ月間にわたって，1カ月当たりおおむね80時間を超える時間外労働が認められる場合

　この「過重負荷」の判断基準となる労働者については，被災した労働者ではなく，当該労働者と同程度の年齢，経験等を有する健康な状態にある者のほか，基礎疾患を有していたとしても日常業務を支障なく遂行できる者をいう。

4 精神障害

　業務上の疾病に該当する精神障害とは，「人の生命にかかわる事故への遭遇その他心理的に過度の負担を与える事象を伴う業務による精神及び行動の障害又はこれに付随する疾病」である[17]。

17　労基法75条2項，同法施行規則35条・別表1の2第9号。

(1) 対象となる疾病

労災認定の対象となる疾病については,「国際疾病分類第10回修正版」（ICD-10）第Ⅴ章に分類される精神障害であり,主としてF2～F4に分類されるものをいう。

【ICD-10第Ⅴ章の分類】

F0	症状性を含む器質性精神障害
F1	精神作用物質使用による精神および行動の障害
F2	統合失調症,統合失調症型障害および妄想性障害
F3	気分［感情］障害[18]
F4	神経症性障害,ストレス関連障害および身体表現性障害[19]
F5	生理的障害および身体的要因に関連した行動症候群
F6	成人のパーソナリティおよび行動の障害
F7	精神遅滞［知的障害］
F8	心理的発達の障害
F9	小児期および青年期に通常発症する行動および情緒障害,特定不能の精神障害

(2) 精神障害の認定基準

精神障害の労災認定の要件は,「心理的負荷による精神障害の認定基準について」[20]が定められており,①対象疾病を発病していること,②対象疾病の発病前おおむね6カ月の間に,業務による強い心理的負荷が認められること,③業務以外の心理的負荷および個体側要因により対象疾病を発病したとは認められないことである（以下では「精神障害認定基準」という。なお,「脳・心臓疾患認定基準」と合わせて,単に「認定基準」と呼ぶこともある）。②の「強い心理的負荷」か否かについては,発症した労働者の主観によるのではなく,当該労働者と職種,職場における立場や職責,年齢,経験等が類似する同種の

---

18 うつ病,双極性障害等が分類される。
19 不安障害,強迫性障害,適応障害等が分類される。
20 平23・12・26基発1226第1号。

労働者において強い心理的負荷といえるか否かという見地から判断され，具体的には，以下のような基準に基づき，原則として発病前おおむね6カ月の間に起きた出来事について，強い心理的負荷があったか否か判断する。

	出来事	心理的負荷
特別な出来事		「強」
具体的な出来事	「強」の出来事	「強」
	「中」の出来事が複数	「強」または「中」
	「中」の出来事が1つでほかは「弱」の出来事	「中」
	「弱」の出来事が複数	「弱」

本書における過重労働とハラスメントに関する出来事としては，以下のものがある。

【特別な出来事】

- 強姦や，本人の意思を抑圧して行われたわいせつ行為などのセクシュアルハラスメントを受けた
- 発病直前の1カ月におおむね160時間を超えるような，またはこれに満たない期間にこれと同程度の（たとえば3週間におおむね120時間以上の）時間外労働を行った（休憩時間は少ないが手待時間が多い場合等，労働密度が特に低い場合を除く）

【具体的な出来事】

	弱	中	強
1カ月に80時間以上の時間外労働	1カ月に80時間未満の時間外労働	1カ月に80時間以上の時間外労働	・発病直近2カ月間に1カ月当たりおおむね120時間以上の時間外労働 ・発病直近3カ月に1カ月当たりおおむね100時間以上の時間外労働

	弱	中	強
ひどい嫌がらせ，いじめ，または暴行を受けた	複数の同僚等の発言により不快感を覚えた（客観的には嫌がらせ，いじめとはいえないものも含む）	・上司の叱責の過程で業務指導の範囲を逸脱した発言があったが，これが継続していない ・同僚等が結託して嫌がらせを行ったが，これが継続していない	・部下に対する上司の言動が，業務指導の範囲を逸脱しており，そのなかに人格や人間性を否定するような言動が含まれ，かつ，これが執拗に行われた ・同僚等による多人数が結託しての人格や人間性を否定するような言動が執拗に行われた ・治療を要する程度の暴行を受けた
セクシュアルハラスメントを受けた	・「○○ちゃん」等のセクシュアルハラスメントにあたる発言をされた場合 ・職場内に水着姿の女性のポスター等を掲示された場合	・胸や腰等への身体接触を含むセクシュアルハラスメントであっても，行為が継続しておらず，会社が適切かつ迅速に対応し発病前に解決した場合 ・身体接触のない性的な発言のみのセクシュアルハラスメントであって，発言が継続していない場合	・胸や腰等への身体接触を含むセクシュアルハラスメントであって，継続して行われた場合 ・胸や腰等への身体接触を含むセクシュアルハラスメントであって，行為は継続していないが，会社に相談しても適切な対応がなく，改善されなかったまたは会社への相談等の後に職場の人間関係が悪化した場合 ・身体接触のない性的な発言のみのセクシュアルハラスメントであって，発言のなかに人格を否定す

	弱	中	強
		・身体接触のない性的な発言のみのセクシュアルハラスメントであって、複数回行われたものの、会社が適切かつ迅速に対応し発病前にそれが終了した場合	るようなものを含み、かつ継続してなされた場合 ・身体接触のない性的な発言のみのセクシュアルハラスメントであって、性的な発言が継続してなされ、かつ会社がセクシュアルハラスメントがあると把握していても適切な対応がなく、改善がなされなかった場合

※なお、他の具体的出来事の心理的負荷の程度が「弱」「中」であっても、当該出来事の前後に恒常的な長時間労働（月100時間程度の時間外労働時間）がある場合には、総合評価が「強」となることがある。

また、③業務以外の心理的負荷に関しては、自分や家族の出来事、金銭や事故、住環境の変化、人間関係等が考慮される。

(3) 精神障害による自殺

労災においては、「労働者が故意に負傷、疾病、障害若しくは死亡又はその直接の原因となつた事故を生じさせたときは、政府は、保険給付を行わない。」とされているところ（労災保険法12条の2の2）、従前、労働者の自殺は、「労働者の故意による死亡」として、原則的に労災給付の対象にはならなかった。しかし、精神障害を発症した労働者が正常な判断力を失って自殺するケースもしばしば見られることから、厚生労働省も通達において、「業務上の精神障害によって、正常の認識、行為選択能力が著しく阻害され、又は自殺行為を思いとどまる精神的な抑制力が著しく阻害されている状態で自殺が行われたと認められる場合には、結果の発生を意図した故意には該当しない。」と記載するようになり[21]、その結果、精神障害に起因する自殺についても、広く労災認定が

(4) 発病後の悪化

業務以外の心理的負荷により発病して「治療が必要な状態」にある精神障害が悪化した場合は、悪化する前に業務による心理的負荷があっても、ただちにそれが悪化の原因であるとは判断できない。ただし、前記「特別な出来事」に該当する出来事があり、その後おおむね6カ月以内に精神障害が自然的経過を超えて著しく悪化したと医学的に認められる場合には、業務起因性が認められる。もっとも、裁判例には、「治療が必要な状態」とは、「精神障害で長期間にわたり通院を継続しているものの、症状がなく（寛解状態にあり）、または安定していた状態で、通常の勤務を行っていた者」を含まないとしたものがあるため[23]、もともと精神疾患に罹患していた場合であっても、労災が認定される可能性がないわけではない。

5 裁判所の立場

裁判所においては、業務起因性が認められるためには、業務と死亡等の災害の間に、単なる事実上の条件関係では足りず、法的に見て労災補償を認めるのを相当とする関係（相当因果関係）があることが必要であり[24]、また、上記相当因果関係があるといえるためには、当該災害の発生が、「業務に内在する危険が現実化したことによるものとみることができることを要する」と判断して

---

21 平11・9・14基発第545号「精神障害による自殺の取扱いについて」。
22 なお、自殺ではないが、精神障害の影響で薬物依存傾向を示すようになり、過剰服薬に及んで死亡した結果が精神障害の影響によるものとして業務起因性を認めた裁判例として、国・川崎北労基署長（富士通ソーシアルサイエンスラボラトリ）事件・東京地判平23・3・25労判1032号65頁がある。
23 国・八王子労基署長（東和フードサービス）事件・東京地判平26・9・17労判1105号21頁。
24 前掲注2・白石編著431頁、熊本地裁八代支部公務災害事件・最判昭51・11・12判時837号34頁。

いる[25]。この点，前記のとおり，裁判所においては，当初は行政庁が業務上外と認定した場合であってもこれを否定して業務上認定する裁判例が相次ぎ，認定基準は行政庁が運用の基準を示した通達であって司法上の判断においては必ずしもこれに拘束されるものではないと判示した裁判例もあった[26]。

　しかし平成13年に，上記のような裁判所の判断を踏まえて厚生労働省が脳・心臓疾患認定基準を改正したことや，平成23年に当時の最新の知見に基づいて精神障害認定基準を設けたのを受け，現在では，認定基準について相応の信頼性があると考えており，認定基準に列挙されている各要素を総合考慮して判断している裁判例も多い。ただ，それでもなお，裁判所としては，認定基準は行政組織内部の命令であって業務起因性判断の解釈基準にすぎず，裁判所を拘束するものではなく，認定基準と異なる形態，機序によって発症する疾患の業務起因性を当然に否定するものではないという立場を取っている[27]。また，精神障害においては，業務と精神障害の関係について，いわゆる「ストレス－脆弱性理論」[28]に依拠し，同種の労働者との比較ではなく，ストレス（業務による心理的負荷と業務以外の心理的負荷）と個体側の反応性，脆弱性を総合考慮し，業務による心理的負荷が社会通念上，客観的に見て，精神障害を発症させる程度に過重であるといえることが必要であると判断している[29]。

6　主張・立証上のポイント

　前記のとおり，労災認定をめぐる訴訟は，基本的に国と労働者（遺族）の間

25　地公災基金東京都支部長（町田高校）事件・最判平8・1・23労判687号16頁，地公災基金愛知県支部長（瑞鳳小学校教員）事件・最判平8・3・5集民178号621頁。
26　西宮労基署長（大阪淡路交通）事件・大阪高判平9・12・25労判743号72頁。
27　前掲注2・白石編著439頁。なお，国・足立労基署長（クオーク）事件・東京地判平23・4・18労判1031号16頁では，前職における，発症6カ月以上前の業務が過重であったと評価して，国の不支給決定を取り消しており，ここでも，認定基準に縛られずに柔軟に判断していることが窺われる。
28　心理的負荷が非常に強ければ，個体側の脆弱性が小さくても精神的破綻が起こるし，逆に脆弱性が大きければ，心理的負荷が小さくても破綻が生ずるとする考え方。
29　国・天満労基署長（CSK・うつ病自殺）事件・大阪高判平25・3・14労判1075号48頁。

で行われるものであり，使用者が当事者になることは多くはないが，労働者の使用者に対する安全配慮義務違反に基づく損害賠償請求においては，労災と認定された（つまり，業務起因性が認められた）事実は，因果関係を裏付ける事実の一つとなるから，労災における使用者の準備が，使用者に対する紛争にも影響を及ぼすことになる。

その一方で，労災申請における調査は，労働者の災害が発生するよりも前の，過去の労働実態を対象として行われるため，後から労働実態を変更したり，事実を追加できるわけではない。

そこで，労災の判断の段階における使用者の活動は，労災認定後の損害賠償請求を見据えて，労働者の労働実態や私的リスクファクターの存在を吟味し，業務起因性の判断を通じて，仮に使用者に対して損害賠償請求がなされた場合のリスクの有無，程度について予測することと，可能であれば労働基準監督署に情報を積極的に提供することで意見具申して，業務起因性が認められる可能性自体を減少させることが中心となる。

以下では，業務起因性の判断において重要と思われる要素について，概説するとともに，使用者としての留意点について検討する。

(1) 労働者性

① 個人事業主

前記のとおり，雇用契約を締結していない場合であっても，実質的に労基法の労働者であると判断されれば，労災給付の対象となりうる。個人事業主は，使用者と業務委託契約や請負契約を締結していることになるが，労働者であると認められれば，労災保険の支給対象になるだけでなく，使用者と当該個人事業主の間に特別な社会的接触の関係が生じ，労働契約がなくても信義則上安全配慮義務が認められる可能性があるため，使用者としても留意が必要である[30]。

この場合の労働者性について，厚生労働省労働基準法研究会報告「労働基準法の『労働者』の判断基準について」（昭和62年12月19日）は，労基法上の労働者の判断基準として，①使用従属性に関し，(i)仕事の依頼，業務従事の指示等

30　陸上自衛隊八戸車両整備工場事件・最判昭50・2・25民集29巻2号143頁。

に対する諾否の自由，(ⅱ)業務遂行上の指揮監督，(ⅲ)拘束性，(ⅳ)代替性，(ⅴ)報酬の労務対償性，②労働者性に関し，(ⅰ)機械，器具の負担関係や報酬の額といった事業者性，(ⅱ)特定の企業に対する専属性等を要素として挙げ，これらにより判断するとしている。

裁判例にも，映画の撮影技師が映画撮影に従事中，宿泊していた旅館で脳梗塞を発症して死亡した事案について，使用従属関係を，「業務遂行上の指揮監督関係の存否・内容，支払われる報酬の性格・額，使用者とされる者と労働者とされる者との間における具体的な仕事の依頼，業務指示等に対する諾否の自由の有無，時間的及び場所的拘束性の有無・程度，労務提供の代替性の有無，業務用機材等機械・器具の負担関係，専属性の程度，使用者の服務規律の適用の有無，公租などの公的負担関係，その他諸般の事情」を総合的に考慮して判断するのが相当としたうえで，当該撮影技師が監督の指揮命令下にあったこと，

【各要素に関する主張・立証事項の例】

使用従属性	
諾否の自由	・過去に断ったケースがあったか。 ・毎日業務に従事していたか，1日の作業時間はどの程度か。
指揮監督	・具体的な委託の内容 ・作業中の使用者側担当者からの指示の有無
拘束性	・作業場所（使用者の施設内か） ・作業時間（ほぼ丸1日か）
代替性	・他の作業者がしたこともあったか。 ・補助者を使うことが認められていたか。
報酬の労務対償性	・時間当たりの報酬になっていないか。 ・時間外割増賃金に相当する増額がなされているか。
労働者性	
事業者性	・機械や器具は自分で準備しているか。 ・報酬の額が危険の負担に応じた高額がものになっているか。 ・独立の事業者として，確定申告等を行ったり，委託者に請求書を送るなどしているか。
専属性	・他の企業と業務委託契約等を締結し，他の使用者の下で業務に従事しているか。

報酬も実質的に日割計算で支払われていたこと，仕事の諾否の自由が制約されていたこと，時間的・場所的拘束性が認められたこと，代替性がなく，機材等も映画会社に支給されていたこと等により，労働者であると認めたものがある[31]。

個人事業主が労働者であることを前提に労災申請してきた場合には，労基署から使用者に対する調査においても，労働者性を裏付ける事情について確認されることになると思われるため，その点についてもあらかじめ確認しておくべきである。同じく労働者性が争われた国・川越労基署長（C工務店）事件・大阪地判平28・11・21労判1157号50頁では，各要素において，現場監督の証言，当該個人事業主の商号，確定申告書等を根拠に，結論としては労働者性を否定している。

② 役員（取締役・執行役員）

わが国においては，労働者の出世のゴールとして役員が位置付けられることも多く，そのため，一旦退職して委任契約を締結し，執行役員や取締役に就任したとしても，実質的に労働者のころとやっていることに変わりがない，といった実態がしばしば見られる。裁判例にも，袋物かばん等の卸売会社における専務取締役が出張中の宿泊先で急性循環不全で死亡した事案において，被災役員以外の役員は全員社長の親族であったこと，業務内容も専務取締役就任前と変わらなかったこと等より，労働者性を認めたものがある[32]。特に，上記判断基準のうち，諾否の自由，拘束性，専属性といった点については，争うことは困難なケースが多いと思われる。

したがって，使用者としては，役員から労災申請がなされ，これを否定する場合には，役員の位置付け，職務内容が労働者と異なり，より高度な責任を負うとともに，従属して指揮監督を受ける立場にはないこと，報酬の高さ等について，主張・立証していく必要がある。

---

31 新宿労基署長（映画撮影技師）事件・東京高判平14・7・11労判832号13頁。同様の基準を用いて，トラック運転手の労働者性を否定した裁判例として，横浜南労基署長（旭紙業）事件・最判平8・11・28労判714号14頁。

32 大阪中央労基署長（おかざき）事件・大阪地判平15・10・29労判866号58頁。

(2) 労働時間（量的な過重性）

　行政庁および裁判所が労災認定を行う場合，真っ先に確認するのが，長時間労働の有無である。すなわち，ここが長時間であると認定できれば，その時点で労災認定を行うことができるし，労働時間については何らかの形で管理している企業がほとんどであり，客観的な資料を収集することも比較的容易だからである。

① 客観的な資料収集

　労災申請がされた場合に労働基準監督署が調査する事項（提出資料）には，必ず労働時間を示す客観的な資料（タイムカード等）が含まれる。また，なかには労働時間を管理していない使用者もいないわけではないが，その場合には，施設の入退館の記録やパソコンのログイン・ログオフの時間や会社建物への入退館記録等，何かしら客観的に労働時間が推測できるような資料を集めることが通常である。なお，労働時間のわかる資料としては，認定基準に記載されているとおり，発症前6カ月間について提出を求められるのが通常である[33]。

　使用者は，もともと労働時間を管理する責任を負っているところ，労働時間を示す客観的な資料が存在しないとなると，労働基準監督署が労働者側の主張する時間を労働時間と判断してしまう可能性がある。また，仮に客観的な資料が存在しなくても，周辺的な事実関係から労働時間を推測することも可能であるため[34]，仮に使用者にとって不利益な労働時間の記録が残されていたとしても，提出はせざるを得ない。もっとも，こうした客観的な資料は，必ずしも実際の労働時間を表すものではなく，客観的な記録と実際の労働時間に乖離が生じていることもある（早朝に出勤してタイムカードを打刻するものの，始業時刻まで何もしていない場合もあるし，建物に入ったとしても，自分の職場に到着して業務を開始するまでは，労働時間とはいえない）。また裁判例には，タ

---

[33] ただし，裁判例には，付加的な事情として，発症前36カ月ころから恒常的な長時間労働により疲労を蓄積していた点を加味して業務起因性を認めたものがある（国・池袋労基署長（光通信グループ）事件・大阪高判平27・9・25労判1126号33頁）。

[34] 労働時間を管理していない使用者において，実際の作業時間を積み重ねることで労働時間を推測した裁判例として，国・相模原労基署長（三洋電気東京食品設備）事件・横浜地判平21・2・26労判983号39頁。

イムカード上の労働時間がある時期から減少したことについて，業務量の減少ではなく使用者による残業規制があったためであると判断し，実際の労働時間は上記タイムカードの記録よりも多いと判断したものがある[35]。

したがって，使用者は，労働基準監督署の調査に対して，客観的な資料提出には応じるものの，その一方で，提出した資料が正確に労働時間を示すものであるかについて精査し，もし資料の記録と実労働時間に乖離があるのであれば，理由も付して労働基準監督署に報告し，当該資料のみで労働時間を判断されないよう努めるべきである。

② サービス残業等

上記のように，労働時間においては，客観的な資料を基礎としつつも，それ以外にも労働といえるような時間があれば，それも労働時間として算定するというのが裁判所の立場である。典型的なものがサービス残業や持ち帰り残業であり，裁判所は，自宅等で持ち帰り残業した時間について，「たとえ使用者の指揮監督の及んでいない時間における作業であっても，それは自己の担当業務の消化のためにやむを得ずされていたものにほかならないから，作業の身体及び精神に与える負荷は，使用者の指揮監督下における残業による負荷と変わらない」と判示し，労働時間に加えている[36]。また，休憩時間についても，実労働に従事していなくても何かあれば即時に実労働に就くことを要する場合には，休息を保障されず，業務によるストレスから解放されていないから，労働時間と評価すべきとした裁判例がある[37]。

こうしたタイムカードに記載されていない労働時間の有無については，通常は使用者の管理外の出来事であるから，労働していたか否かを使用者が主張・立証することは困難なケースが多い（労働者が，サービス残業について記録を付けていた場合に，ただちにこれに反論することは困難な場合が多い）。したがって，サービス残業等を行っていたという労働者の主張に対する使用者の反

---

[35] 国・天満労基署長（S学園）事件・大阪地判平22・6・7労判1014号86頁。

[36] 和歌山労基署長（NTT和歌山設備建設センター）事件・和歌山地判平15・7・22労判860号43頁，札幌東労基署長（北洋銀行）事件・札幌地判平18・2・28労判914号11頁等。

[37] 国・北大阪労基署長（マルシェ）事件・大阪高判平21・8・25労判990号30頁。

論としては，他の，同じ現場で勤務している労働者や，当該被災労働者の後任の労働者の業務実態，業務量などを主張・立証することで，サービス残業をするほど過重な状態ではなかったと主張することが考えられる。その証拠としては，他の労働者のヒアリング結果や，現在の後任の労働者による勤務の実態のビデオ撮影をすることなどが考えられる。

③ 業務外活動

(a) サークル活動

通常であれば業務とはとらえられないことが多い活動についても，業務起因性判断においては，業務と判断されることがある。裁判例には，社内における創意工夫等の改善提案やQC（Quality Control）サークル活動，小集団活動等について，業績評価の対象になりうることや社内報で役員紹介があること等より，いずれも使用者の事業活動に直接役立つ性質のものであり，これらの活動のために役員として実施・運営に必要な準備を会社内で行う行為について，業務と判断したものがある[38]。また，社内のシステム統合に関するマニュアルについて，帰宅後に学習していた時間について，使用者からマニュアル習得を求められており，自宅で習得せざるを得なかったとして，業務性を認めた裁判例もある[39]。

(b) 業務時間終了後の飲食

業務時間終了後の接待等による飲食について，裁判例には，業務との関連性が不明であることが多く，ただちに業務性を肯定することは困難としつつ，顧客との良好な関係構築や協力会社に無理な対応をお願いするため接待の必要性があることや，接待の場で業務に関する議論がなされる場合があったこと，費用を使用者が負担していたこと等より，業務の延長であると判断したものがある。

また，業務時間終了後，同僚と飲みに行くことも，原則として業務とは認められないと考えるべきだが，裁判例には，書籍販売のセールスマンが，終礼後

---

38 国・豊田労基署長（トヨタ自動車）事件・名古屋地判平19・11・30労判951号11頁。なお，この裁判例においても，労働組合の組合活動については，業務性を否定している。
39 国・札幌東労基署長（北洋銀行）事件・札幌高判平20・2・28労判968号136頁（前掲注36・札幌地判平18・2・28の控訴審）。

も「上司の指示で」部下を飲み屋に誘い，飲みながら営業指導したことについて，業務の延長ととらえて労働時間に加えたものがある[40]。

以上の裁判例等からすれば，形式上労働時間とは認められないものであっても，その実質において業務の延長として認められ，労働時間としてカウントされたり，業務の過重性において考慮される可能性がある。したがって，使用者としては，労務管理上は労働時間として算定していなくても，業務と関連性のある活動については，その必要性，強制の度合い（やらなくても問題ないものかどうか），使用者による費用負担の有無等から，業務や労働時間と認められるか否か，検証する必要がある。この場合の立証方法としては，当時の状況を裏付ける客観的資料が少ないのが通常であり，関係者の証言によるところが大きいだろう（それも，時間の経過とともに記憶が薄れていくため，傷病が発生したらただちにヒアリングし，記録に残しておくことが望ましい）。

④ 休　　日

認定基準を前提とすると，労働時間ばかりが注目されがちであるが，実際にどの程度休日を取得していたかどうかも，重要な判断要素となる。すなわち，疲労の蓄積は休息や睡眠によって回復するところ，回復しきれないほどの業務の負荷が長期間作用する場合には，ストレスが回復し難いものとなり，血管病変や精神疾患等を増悪させる可能性がある[41]。労働時間を管理していない使用者でも，出勤簿を付けていれば，少なくとも休日出勤の有無については把握可能であるが，実際の労働時間まで把握するためには，やはり休日についても労働時間の管理をする必要がある。

⑤　管理監督者・裁量労働制における労働時間

管理監督者（労基法41条2号）は，「経営者と一体の立場にある者」とされ，自己の出退勤等の労働時間の管理を受けないことが判断要素の一つとなっている。また，裁量労働制（労基法38条の3・38条の4）は，業務の遂行手段および

40　国・大阪中央労基署長（ノキア・ジャパン）事件・大阪地判平23・10・26労判1043号67頁，北九州西労基署長ほか（教育出版）事件・福岡地判平10・6・10労判741号19頁。

41　前掲注38・名古屋地判平19・11・30（国・豊田労基署長（トヨタ自動車）事件）参照。

時間配分の決定等に関し使用者が具体的な指示をしない（できない）ことが要件とされ、労働者の実際の労働時間にかかわらず、一定の労働時間勤務したものとみなされる制度である。そのため、管理監督者や裁量労働制下の労働者については、ともすると労働時間の管理を行わず、タイムカード等の打刻も行っていないケース（あるいはすべて所定労働時間の打刻となっているケース）もしばしば見られる[42]。

　しかし、管理監督者においては深夜労働に対し、裁量労働制下の労働者に対しては休日労働および深夜労働に対しては割増賃金の支払義務が生じるから、少なくともその限りにおいて労働時間の管理は必要になると考えられるし、時間外労働が1カ月100時間を超え疲労の蓄積が見られる労働者に対する医師による面接指導を受けさせる義務（労働安全衛生法66条の8）については、管理監督者および裁量労働制下の労働者にも適用される。したがって、使用者としては、労働時間の管理までは行わない（行えない）場合であっても、実際に当該労働者がどの程度の時間労働しているのかについては、事実として把握している必要がある。仮に使用者が労働時間を全く把握していないのに対して、労働者が実労働時間について記録を残していた場合には、結局労働者の主張する労働時間が実労働時間であると判断されかねず、労災と判断されるリスクが高まることになるため、こうした事態を避けるためには、使用者は、日ごろからすべての労働者の労働時間について、おおむね把握しておくようにすべきである。

(3) 労働の密度（質的な過重性）

　労働の密度については、一般的には、疲労を蓄積させる業務といえるか、精神的な緊張をもたらす業務といえるか、という点から検討が行われる。具体的な内容としては、前掲（20頁）認定基準の②短期間の過重業務において列挙されるような出来事が考慮されることが多い。ここでは、主たる要素について解

---

[42] 国・中央労基署長（リクルート）事件・東京地判平21・3・25労判990号139頁は、裁量労働制が適用されており労働時間を認定できる的確な証拠はないが、裁量労働制が適用されていない期間の労働実態より、労働時間を推測して認定している（地裁判決では業務起因性が肯定されたが、控訴審判決（東京高判平22・10・13労判1018号42頁）では業務起因性が否定された）。

説する。

① **不規則な勤務**（夜間勤務・交代勤務を含む）

不規則な勤務においては，生活のリズムが崩れやすく，自律神経のバランスを失わせる原因となる。また，夜間勤務・交替制勤務は，人間の24時間の生理的な昼夜リズムに逆行する労働態様であることから，慢性疲労を起こしやすく，さまざまな健康障害の発症に関連する[43]。裁判例には，普段は午後4時ころから翌午前3時ころまで勤務し，店長会議がある場合には日中から業務に従事するなどした居酒屋店の店長について，業務起因性を認めたものがある[44]。

② **出　　張**

出張においては，移動時間が長いのが通常であるところ，この移動時間については，物品の監視等別段の指示がある場合のほかは労働時間とは判断されないとするのが一般的な考え方である[45]。したがって，出張によって長時間拘束されたとしても，実際の労働時間自体はそこまで長くないことも多い。

しかし，長時間の移動や待ち時間，宿泊先のホテル等での生活は，環境，食事，睡眠等の面で不規則となり，夜間や休日における過ごし方も単調で，自宅で過ごすのと違い精神的・肉体的な疲労を蓄積させるため，長時間，また複数回の出張は，労働の密度における判断要素となる[46]。また，前掲注12・東京地判平26・12・15労判1112号27頁（国・中央労基署長（JFEスチール）事件）では，発症前6カ月間に国内出張が10日，ブラジルや中国への国外出張が60日間にわたっており，肉体的・精神的疲労が相当大きかったと認定している[47]。

43　前掲注38・名古屋地判平19・11・30（国・豊田労基署長（トヨタ自動車）事件）。
44　前掲注37・大阪高判平21・8・25（国・北大阪労基署長（マルシェ）事件）。
45　昭23・3・17基発461号，昭33・2・13基発90号。また，出張時の移動時間の労働時間性を否定した裁判例として，日本工業検査時間外手当請求事件・横浜地川崎支決昭49・1・26労民25巻1・2号12頁。
46　松本労働基準監督署長事件・東京高判平20・5・22労判968号58頁。この裁判例では，災害発症前約1年弱の間に，合計10回，183日間の海外出張が行われた。
47　なお，この裁判例では，移動時にファーストクラスやビジネスクラスに搭乗しており，エコノミークラスと比較すると相対的に移動の負担が軽くなるが，この一事をもって疲労の蓄積や睡眠不足の状態が格段に小さくなるといえるだけの根拠はないと判示している。

③ 作業環境

　過酷な作業環境においては，精神的・肉体的な疲労が蓄積し，脳・心臓疾患の誘発や増悪の可能性がある。この点，前記②の海外出張においては，時差が生じることも疲労を蓄積させる（睡眠不足の状態が継続する）要素になる。また，前掲注34・横浜地判平21・2・26労判983号39頁（国・相模原労基署長（三洋電気東京食品設備）事件）では，1週間に1回程度，夏季の気温30度前後の環境のなか，零度前後の冷凍倉庫内で作業を余儀なくされたことも，過重な業務の要素と判断している。

④ 精神的緊張をともなう業務

　精神的緊張をともなう業務にはさまざまな態様が見られる。その一つの例として，比較的多く見られるのは，責任ある立場・役職に就くということである。裁判例には，海外子会社の唯一の日本人技術者であり，かつ生産・技術部門の副社長として責任ある立場にあったところ，雇用状況や生産量の改善の見通しが立たない状態にあったことをもって，過重負荷であったと判断したものがある[48]。また，システム統合作業が進むなかでの営業課長への配置換えが強い精神的緊張状態をもたらしたと判断した裁判例や[49]，新装開店事業の重点対象6店舗のうちの1店舗で，巨費を投じて改装等を実施し，前年比131パーセントの売上増を目標に掲げていた店舗の鮮魚部門のチーフに，経験が浅いにもかかわらず抜擢されたことを心理的負荷「Ⅲ」に該当すると判断した裁判例がある[50]。

(4) 異常な出来事

　ここでいう「異常な出来事」については，要するに強度のストレスを与えるような出来事を意味する。業務における異常な出来事が業務起因性を認める要素となった裁判例としては，次のようなものがある。

48　国・中央労基署長（興国鋼線索）事件・大阪地判平19・6・6労判952号64頁。
49　前掲注39・札幌高判平20・2・28（国・札幌東労基署長（北洋銀行）事件）。
50　国・三鷹労基署長（いなげや）事件・東京地判平23・3・2労判1027号58頁。

裁判例	事案
大館労基署長（四戸電気工事店）事件・最判平9・4・25労判722号13頁	脳血管疾患を発症して死亡する2日前に，同僚がクレーンでつり上げていた木製古電柱2・3本がワイヤーの切断により落下し，身をかわしたものの，鼻の下と唇付近に擦過傷や軽度の圧挫傷を負った
国・豊田労基署長（トヨタ自動車）事件・名古屋地判平19・11・30労判951号11頁	品質不具合の検査業務に従事する労働者が，心筋炎等を発症して死亡する前日に夜勤に勤務し，またその日の不具合が多かった
療養補償給付金等不支給処分取消請求事件・神戸地判平11・10・26判タ1042号148頁	営業会議に出席中，横領の嫌疑をかけられて口論し，その直後に脳出血を発症した。
北九州西労基署長ほか（教育出版）事件・福岡地判平10・6・10労判741号19頁	発症前1カ月間に部下による別会社設立や労働者の引抜きに対する善後策に追われ，精神的に極度のストレスと疲労を蓄積させた。
国・京都下労基署長（ケー・エム・フレッシュ）事件・京都地判平26・7・3労判1103号70頁	機械に挟まれて指を切断した。
国・橋本労基署長（バッキーズ）事件・大阪高判平24・7・5労判1059号68頁	社長と口論の末解雇を通告された翌日に自殺未遂を図った。

　これらの「異常な出来事」は，発症した後になって，当該出来事が過重な負荷になりうるものだったと判断できるにすぎず，あらかじめこうした出来事を予防することも，事実認定を争うことも難しい。そのため，事実は認めたうえで，「異常」と呼べるほどのものではない，あるいは「異常」の程度が低く，業務に内在する危険が現実化したとはいえない，といった主張・立証を行い，労災認定の要素の効果を減殺させることがポイントとなる。

(5) ハラスメント

　ハラスメントによるストレスは，特に精神疾患との関係で業務起因性が認められる要素となることは前述したとおりである。裁判例においても，「給料泥棒」「存在が目障り」などと上司にいわれ，自殺した労働者について，業務起因性を認めたものや，同僚社員複数名によるいじめによってうつ状態に罹患した労働者について業務起因性を認めたものがある[51]。

　しかし他方で，労働者が，精神疾患に罹患した原因を上司によるパワハラと考えたものの，実際には業務指導の範囲を逸脱したものとは認められないとして，業務起因性を否定された裁判例も相当数見られる[52]。この点，ハラスメントが認められる場合には，業務起因性が認められる可能性が高いが，ハラスメントに該当するか否かについては，判断が難しいことも多い。使用者においては，ハラスメントを原因とする労災申請がされた場合でも，労働者が主張する事実の有無や評価を慎重に判断し，労基署に対しても，使用者が判断した事実を根拠をもって説明しておくことで，業務起因性が認められる可能性を逓減する努力をすることが望ましい（ハラスメントについては，**第3章**参照）。

(6) 私的リスクファクター

　前述したとおり，脳・心臓疾患は，加齢，食生活，生活環境等の日常生活による諸要因や遺伝等の個人に内在する要因が密接に関連しており，脳・心臓疾患を発症した場合でも，業務とは無関係に基礎的な疾患が生じている可能性もある。また，精神疾患においても，業務とは無関係のストレス要因がある場合には，業務起因性が認められない場合もあると考えられる。

　この点，脳・心臓疾患認定基準および最近の裁判例では，業務起因性について，「その自然的経過を超え著しく増悪」して発症した場合について業務起因性を認めている。このことからすれば，仮に基礎疾患が認められたとしても，業務の過重によって，自然的経過を超えて症状が悪化していれば業務起因性が認められるため，こうした私的リスクファクターが存在したからといって，た

51　国・静岡労基署長（日研化学）事件・東京地判平19・10・15労判950号5頁，国・京都下労基署長（富士通）事件・大阪地判平22・6・23労判1019号75頁等。
52　国・厚木労基署長（ソニー）事件・東京地判平28・12・21労判1158号91頁等。

だちに業務起因性が否定されるとは限らない[53]。しかし、使用者にとっては業務起因性を否定する要素となりうるものである以上、可能な限り調査・確認すべきである。同様に、精神障害認定基準においても、業務起因性が認められる要件として、「業務による強い心理的負荷が認められること」だけでなく、「業務以外の心理的負荷や個体的要因により発病したとは認められないこと」も要件となっており、同様に業務以外の心理的負荷や個体的要因の有無について、使用者としてもできるだけ具体的に主張・立証する必要がある。

① 基礎疾患

基礎疾患として主張・立証すべき事実としては、脳・心臓疾患においては、血管病変等を悪化させるような症状、すなわち肥満傾向、高脂血症、高血圧、肝機能障害の存在や、こうした症状をもたらす要因として挙げられる飲酒や喫煙の傾向などが考えられる。これらを立証する証拠としては、健康診断における診断結果が基本となる（飲酒や喫煙についても、申告することが多いであろう）。ただ、こうした基礎疾患等のリスクファクターが存在したとしても、前提となる労働時間等が過重であることが明らかである場合には、業務起因性を否定するとまでは言い難いこともあるので、注意が必要である（労働者がパソコン等の電子機器の画面を見ることや飲酒することが入眠を妨げたり睡眠の質的悪化を招くことがあり得ることを考慮しても、当該労働者の時間外労働の時間数や早期覚醒の症状からすれば、相当因果関係の有無の判断を左右するまでの事情とは認められないとした裁判例として、国・半田労働基準監督署長事件・名古屋高判平29・2・23労判1160号45頁）[54]。

なお、裁判例においては、もともと基礎的な疾患があり、治療すれば発症しなかった可能性があるにもかかわらず、業務に従事せざるを得なかった場合にも、いわば業務によって「治療機会の喪失」があったとして業務起因性を認めている。たとえば、前掲注25・最判平8・1・23労判687号16頁（地公災基金

---

[53] 前掲注46・東京高判平20・5・22（松本労働基準監督署長事件）は、肥満傾向、高脂血症、肝機能障害が認められ、尿酸値にも問題があるとされ、飲酒傾向があり血圧も高かったが、業務起因性を認めた。

[54] なお、これらの事情は、労災認定においては考慮されなくても、使用者に対する損害賠償請求においては、過失相殺の事情として考慮される可能性はある。

東京都支部長（町田高校）事件は，急性心筋梗塞で死亡する前日に，不安定狭心症を発症し，不用意な運動負荷をかけると心筋梗塞に進行する危険の高い状況にあったにもかかわらず，病院から勤務先に戻って業務に従事し，翌日も，病院で検査を受けた後に業務に従事せざるを得なかった事例において，「労作型の不安定狭心症の発作を起こしたにもかかわらず，直ちに安静を保つことが困難で，引き続き公務に従事せざるを得なかった」ことをもって，「公務に内在する危険が現実化した」と判断している[55]。したがって，基礎疾患を主張・立証する場合には，基礎疾患の存在だけでなく，こうした治療の機会があったのかどうか（業務が忙しくて治療に行く暇もなかったということはないか）についても，検討しておく必要がある。

　これに対し，精神障害の場合には，業務とは無関係に過去に精神障害に至っていたことを主張することが考えられる。しかしここでも，心理的負荷の程度が強いと判断されるような事情があれば，基礎疾患があったとしても，業務起因性が肯定されることになろう（自殺前に業務起因性の認められないうつ病を発症していたが，心理的負荷が「強」と判断される具体的出来事があったとして，業務起因性を肯定した裁判例として，国・岐阜労働基準監督署長（アピコ関連会社）事件・名古屋高判平28・12・1労判1161号78頁）。

　② 年　　齢

　脳・心臓疾患については，加齢にともない発症する確率は徐々に高まるのが一般的であり年齢が高くなると，老化現象により血管病変が起こり易くなるし，疲労の蓄積からの回復も遅くなると考えられる。逆に，年齢が若く回復能力が高いにもかかわらず，脳・心臓疾患を発症した場合には，別の要因（つまり業務の負荷）により，自然的経過を超えて増悪したと考えられる要素の一つとなる[56]。

55　同様に判断した裁判例として，前掲注25・最判平8・3・5（地公災基金愛知県支部長（瑞鳳小学校教員）事件），中央労基署長（永井製本）事件・東京高判平12・8・9労判797号41頁等。

56　前掲注46・東京高判平20・5・22（松本労働基準監督署長事件）では，被災労働者は41歳だった。

③ 遺　　伝

　脳・心臓疾患については，体質等に関する遺伝的な要素も影響していると考えられることから，被災労働者だけでなく，その親族に過去に脳・心臓疾患に罹患したことがある者がいるかどうかも，労働基準監督署の調査対象となる。この事実については，健康診断で確認できることもあるが，それ以外には被災労働者しか知る者がおらず，使用者としては把握できないこともある[57]。

④　業務外の事情・個体的要因

　精神障害認定基準によれば，業務以外の心理的負荷の例としては，離婚や病気，近親者の死亡，多額の財産損失や借金，引越し等の住環境の変化，失恋等が挙げられており，また個体的要因として，既往歴やアルコール依存症などが挙げられている。

　なお，精神疾患においては，こうした個体的要因の一つとして，被災労働者の性格が問題となることがある。すなわち，うつ病等の精神疾患については，真面目で責任感の強い性格の者がなりやすいといわれているところ，被災労働者は上記のような性格傾向を有しており，軽度な業務上の心理的負荷にも耐えられなかったとして業務起因性を否定する主張・立証がなされることがある。しかし，真面目な性格の労働者のすべてが精神疾患に罹患しているわけではないから，このような性格傾向は，ただちに精神障害認定基準にいう「平均的労働者」と異なるとはいえない。裁判例においても，新任の教員がクラス内でのいじめやカンニングといったトラブルに遭い，自殺してしまった事例について，業務起因性（公務起因性）は，被災職員と職種，職場における立場や経験等が同等程度の労働者で，特段の支障なく日常業務を遂行できる健康状態にある者が，その危険性となりうる状況を一般的にどのように受け止めるかという観点から判断されるべきであるとしたうえで，当該教員は真面目で責任感が強いところがあった反面，自分の思いを貫こうとする気持ちが強く，人に頼ることが苦手な面があったと判断したものの，若年の新規採用教員として，社会適応の未熟さがあるのはむしろ当然であり，このような性格傾向は，社会通念上想定

---

[57] 前掲注46・東京高判平20・5・22（松本労働基準監督署長事件）では，被災労働者の実父がくも膜下出血に罹患した経験があった。

される範囲内にとどまると判断した[58]。

したがって，性格を業務起因性を否定する個体的要因として主張したとしても，通常とはかけ離れた異常行動があったといった事実でもない限り，認められるのは困難ではないかと思われる。

(7) 消滅時効

　労災が認定される給付のうち，療養補償給付，休業補償給付，葬祭料，介護補償給付については，消滅時効期間は2年とされ，障害補償給付，遺族補償給付については，消滅時効期間は5年とされる（労災保険法42条）。また，消滅時効の起算点は，これを「行使することができるとき」（同条）であり，保険給付の事由が発生した時点（遺族補償給付であれば，「労働者が業務上死亡したとき」（労基法79条，労災保険法12条の8第2項））となる。したがって，労働者の傷病が発症してから労災申請まで長期間かかっている場合には，消滅時効を援用することもある。

---

[58] 地公災基金静岡県支部長（磐田市立J小学校）事件・東京高判平24・7・9労判1059号59頁。また，糸島市事件・福岡高判平28・11・10労判1151号5頁も参照。

第3節

過重労働による損害賠償請求訴訟

　使用者における過重労働が原因で身体的・精神的に何らかの疾患に罹患し，またさらには過労死や過労自殺と疑われる事案が発生した場合，使用者である企業が負うリスクには，第2節で述べた業務上災害のリスクのほか，疾患に罹患した労働者，あるいは死亡した労働者の遺族から民事上の責任追及（損害賠償請求）を受けるリスクが存在する（労災民訴）。

　すなわち，過重労働が原因で疾患が発生したり，死亡・自殺に至った場合，労働者や死亡した労働者の遺族は，労災保険法に基づき，労災保険給付の支給を申請することができる。しかし，労災保険給付においては，精神的損害に対する慰謝料はカバーされず，また，休業損害や逸失利益等の将来における損害についても，必ずしも遺族が希望する額が補償されるとは限らない。また，疾患に罹患した労働者や死亡した労働者の遺族は，「企業のせいで病気になった（死亡した）」として，使用者に対して強い憎しみを抱き，「許せない」といった感情を抱くことも珍しくない。その結果，疾患に罹患した労働者や死亡した労働者の遺族は，労災保険給付の申請だけでなく，損害の賠償を求めて，使用者に対し，民事上の責任追及を行う可能性がある。

　その一方で，最近は，過重労働に対する社会的非難が高まっており，過重労働による疾病や死亡のケースにおける使用者に対するレピュテーションリスクも高い。

　したがって，過重労働が原因で労働者が被災した場合，使用者としては，労働者（遺族）との早期かつ円満な解決を図っていくことが重要である。もっとも，特に過労死・過労自殺といった事例においては，使用者が負担する損害賠償額が莫大な金額に上ることがあるし，そもそも使用者として本当に業務が原

因で疾病・死亡したのか必ずしも明らかではないケースもあり，簡単に解決するわけにもいかないといった事情もあり，難しい判断を迫られることが多い。

本節では，過重労働に起因する民事上の損害賠償請求訴訟の実務について解説する。

1　過重労働による労災民訴事案の全体像

(1)　労災申請との関係

第2節で前述したとおり，過重労働によって疾患に罹患した労働者および死亡した労働者の遺族は，労災保険給付の申請と使用者に対する民事上の損害賠償請求を行うことができるが，これらを行う順序（先後関係）については，法律上のルールは存在しない。したがって，理屈のうえでは，どちらを先に申請・請求することも可能であるし，労働者（遺族）が労災申請と損害賠償請求を同時に行うこともある。

しかし，労災認定手続において，災害結果について業務起因性が認められた場合，いわば業務によって当該傷病が発生したとの認定がなされるため，当該判断は，民事上の損害賠償請求における因果関係の判断に事実上大きな影響を与えることになる。労働者にとっては，いわば行政機関によって因果関係の立証をしてもらうことになるし，使用者側がその判断を覆すことは，困難をともなうことが多い。そのため，一般的には，労働者（遺族）側としては，まず労災申請を先行させ，業務起因性が認められた場合に，使用者に対して損害賠償請求を行ってくることが多い。

(2)　労働者（遺族）からの接触

上記を前提とすると，労働者（遺族）側から使用者に対する最初の接触は，労災申請を行いたい旨，およびそのための資料提供の協力要請がなされることが多い（労働者（遺族）側に弁護士がついていれば，内容証明郵便が送付されることが多いであろう）。この段階における主張・立証上の留意点については，第2節6を参照されたい。

なお，労働者（遺族）側が使用者に対して不信感を持っている場合などには，

使用者における証拠隠滅をおそれ，証拠保全手続を行ってくることがある（民事訴訟法234条）。これは，証拠隠滅を防止するためであるから，訴訟が提起される前であれば突然行われることとなり，不服申立てもすることができず（同法238条），使用者としては予防する手段がないが，実際に保全がなされると現場の業務には多大な負担が生じることになる。

(3) 損害賠償請求

　使用者に対して損害賠償が請求される場合には，まず，労働者（遺族）またはその代理人弁護士から，使用者に対し，内容証明郵便等によって，裁判外での損害賠償請求がなされることが一般的である。使用者としては，必要に応じて弁護士等の助言も受けながら，当該損害賠償請求に理由があるか否かを判断し，かかる判断（見通し）を踏まえて，対応を検討することになる。この段階で話し合いにより解決することもあるが，話し合いで解決しなければ，訴訟に移行することになる（なお，東京地方裁判所の場合，過重労働事案に係る損害賠償請求訴訟は必ずしも労働専門部に配点されるわけではなく，通常部が審理を担当することが多い）。

　使用者に対する損害賠償請求においては，まず，労働者が被災している以上，損害の発生について争うことは難しい。次に，労災認定がなされている場合，前述したとおり，使用者の業務と労働者の被災の間の因果関係が存在すると判断される可能性が高い。そのため，訴訟では，使用者としては，因果関係について労災認定を覆すような事情があればそれを主張・立証することになるが，そうした事情がなければ，故意・過失など他の要件の有無や，損害額の算定方法（基準となる金額が妥当か否か）や過失相殺や損益相殺等，損害額を減額させるような事情の有無について，主張・立証していくことになる。

(4) 早期和解の検討と労働者側とのコミュニケーション

　すでに各所で述べているとおり，最近の過重労働や労災に対する世間一般の社会的非難は強く，1件の労災事件が起きただけでも，使用者のレピュテーションが大幅に低下するおそれがある。また，労災等によって労働者が死亡したり，重篤な障害を負ってしまった場合には，周囲の家族の，使用者に対する

感情的反発も相当大きく，こうした労働者側からメディア等に通報がされるリスクも存在する。また，そもそも，使用者自身にとっても，労働者が被災するというのは痛ましい事態であると同時に，戦力の喪失であり，あってはならないことであるのはいうまでもない。

　以上を前提とすれば，労災事案において，使用者が労働者側と長期間にわたり争うことは，デメリットも大きい。そのため，労働者側から接触があった場合には，事案の検討と同時に，早期に（訴訟に至る前に裁判外で）解決することも含めて検討すべきである（もっとも，裁判外において和解するとしても，事案の内容を前提として対応することになるため，以下で述べるような訴訟上の主張・立証と同様の検討は必要となる）。

　裁判外での和解が成立した場合には，一般の和解と同様，合意書を締結することになるが，特にこうした事案では，口外禁止条項や清算条項を規定する等の配慮が必要である。また，労災事案においては，使用者に対する損害賠償請求については行わないとしても，労災申請については協力を求められることがあるため，こうした条件についても検討が必要になる。

　なお，こうした早期解決を目指す場合には，労働者側が使用者に対して敵対的な感情を抱いていることは，解決への大きな障害となる。したがって，労働者が被災した場合には，労働者（あるいは遺族），さらにはその関係者とのコミュニケーションが不可欠である[59]。具体的には，まず，労災事案が発生し，使用者が責任を負う可能性がある場合には，労働者側に「使用者が自分のことを軽視している」と思わせないためにも，労働者側と接触し，できれば相応の責任のある立場にある者が，労働者側と直接会う機会を設けるよう努めることが望ましい（もちろん，労働者の病状や意向に沿って対応する必要がある）。

　次に，面談の場では，被災したという事実に対する遺憾の意を示し，被災者の話をよく聞き，共感することが重要である。こうした場で，「法律的には問題ない」などと会社の立場をことさらに主張することはかえって労働者側の感情を害する可能性があるので，十分慎重になるべきである。

59　被害者側との協議の手法については，安倍嘉一『労働者の不祥事対応実務マニュアル』（民事法研究会，2018年）も参照されたい。

さらに、一度面談して終わりではなく、その後も定期的に連絡を取り、状況の報告や要望の聞き取りなどをしていく。そのうえで、和解に関する話が出れば、検討のうえ交渉していくことになる。

2 損害賠償請求の法律構成

被災した労働者側（遺族を含む）が使用者に対して民事上の責任追及を行う場合の法律構成としては、①不法行為に基づく損害賠償請求（民法709条・715条）、②債務不履行（安全配慮義務違反）に基づく損害賠償請求（民法415条）が考えられる。

(1) 不法行為に基づく損害賠償請求

労災事故、過労死事案等において使用者に対して損害賠償請求を行う場合、伝統的には、不法行為（民法709条）が根拠とされてきた。この場合、不法行為者は直接的には被災した労働者の労務管理等を行っていた上司ということになるが、使用者責任（民法715条）に基づき、使用者が責任を負うことになる。

(2) 債務不履行に基づく損害賠償請求

債務不履行に基づく損害賠償請求は、使用者が労働契約に付随して認められる安全配慮義務に違反したことをもって債務不履行と構成し、損害賠償を請求するものである。

安全配慮義務については、もともと法律上の規定はなく、その内容も不確定だったが、事故によって死亡した公務員の遺族が、国に対し損害賠償を請求した訴訟において、最高裁は、「国は、公務員に対し、国が公務遂行のために設置すべき場所、施設もしくは器具等の設置管理又は公務員が国もしくは上司の指示のもとに遂行する公務の管理にあたつて、公務員の生命及び健康等を危険から保護するよう配慮すべき義務（以下「安全配慮義務」という。）を負つているものと解すべきである。」と判示し、安全配慮義務の存在を初めて認めた[60]。

その後、最高裁は、川義事件・最判昭59・4・10労判429号12頁において、

「使用者は……労働者の生命及び身体等を危険から保護するよう配慮すべき義務（以下「安全配慮義務」という。）を負っているものと解するのが相当である。」と判示し，労働契約関係においても，使用者が労働者に対して安全配慮義務を負うことを明らかにした。

上記最高裁判決およびその後の裁判例の展開を受け，平成19年に労働契約法が制定された際，以下のとおり安全配慮義務について明文の根拠を設けるに至った。

> 労働契約法5条
> 　使用者は，労働契約に伴い，労働者がその生命，身体等の安全を確保しつつ労働することができるよう，必要な配慮をするものとする。

なお，実際の訴訟においては，労働契約法5条は使用者の義務の根拠規定とされるものであり，損害賠償請求権の直接の発生根拠としては，債務不履行（民法415条）が用いられる。

(3) 不法行為構成と債務不履行構成の関係

裁判例は，不法行為構成と債務不履行（安全配慮義務違反）構成の関係につき，請求権競合説を採用しており，いずれの法律構成を選択することも可能と考えられる。最近は，安全配慮義務違反と構成するものが比較的多くなっているように思われるが，両方の法律構成が併記される例も多い。

両法律構成の主張・立証責任およびその他の相違点は，以下のとおりであると考えられる。

①　主張・立証責任

まず，不法行為に基づく損害賠償請求における請求原因は，以下のとおりである。

> (i) 他人の権利または法律上保護される利益を侵害したこと
> (ii) 行為者に故意または過失があること

60　陸上自衛隊八戸車両整備工場事件・最判昭50・2・25民集29巻2号143頁。

> (iii) 損害の発生およびその額
> (iv) 加害行為と損害の発生の間に相当因果関係があること

　上記について，損害を被った労働者側が主張・立証することになる。なお，(ii)の故意または過失については，一般的には，予見可能性と結果回避可能性の存在が必要と解されている。

　これに対し，安全配慮義務違反に基づく損害賠償請求における請求原因は，以下のとおりである。

> (i) 使用者が安全配慮義務に違反したこと
> (ii) 損害の発生およびその額
> (iii) 安全配慮義務違反と損害の発生の間に相当因果関係があること

　上記については，債権者である労働者側が主張・立証する必要がある。これに対し，上記安全配慮義務違反について，債務者（ここでは使用者）の責めに帰すべき事由がないことが，債務者の主張・立証すべき抗弁となる。

　以上の安全配慮義務違反と不法行為の請求原因を比較した場合，安全配慮義務違反を主張する場合には，過失が存在しないことについて使用者側が主張・立証責任を負うことになるものとされ，労働者側で過失の存在を主張・立証する必要はない（不法行為の場合は，過失の存在を労働者側で主張・立証する必要がある）。したがって，一見，安全配慮義務違反構成を選択するほうが，労働者側にとっては有利であるようにも思われる。

　しかし，安全配慮義務違反を主張する場合であっても，義務違反の事実を主張するにあたり，不法行為における過失の立証と同様に，予見可能性と結果回避可能性の存在を労働者が主張・立証する必要があると考えられる。

　したがって，いずれの法律構成を選択した場合も，主張・立証責任および裁判所による判断構造は，実質的に同じであると考えられている[61]。

61　大島眞一＝戸取謙治「いわゆる過労死及び過労自殺における使用者の損害賠償責任（上）」判タ1348号37頁。

② その他の相違点

以上のとおり、主張・立証責任の点では、安全配慮義務違反と不法行為で基本的に差異はないと考えられるが、なお、以下のような相違点を観念することができる。

(a) 消滅時効

不法行為に基づく損害賠償請求権の消滅時効は、被害者またはその法定代理人が損害および加害者を知ってから3年である（民法724条）[62]。これに対し、安全配慮義務違反構成では、債務不履行（民法415条）を根拠とするため、その消滅時効期間は10年である（民法167条）。もっとも、平成29年の民法改正により、人の生命または身体を害する不法行為による損害賠償請求権の消滅時効については、被害者またはその法定代理人が損害および加害者を知った時から5年または不法行為の時から20年となった（改正民法724条・724条の2）。また、安全配慮義務違反による債務不履行の場合も、権利を行使することができることを知った時から5年または権利を行使することができる時から20年（人の生命または身体の侵害による損害賠償請求権の消滅時効）となっており（改正民法166条・167条）、時効期間についての相違はあまりなくなっている。

(b) 遅延損害金の起算日

不法行為の場合、遅延損害金は、損害の発生の日から起算される。これに対し、安全配慮義務違反構成の場合、遅延損害金は、損害賠償請求をした日の翌日から起算される。

(c) 近親者固有の慰謝料請求権の有無

不法行為については、死亡した者が有し、遺族に相続される死亡慰謝料請求権とは別途、近親者である遺族固有の慰謝料請求権が明文で認められている（民法711条）。これに対し、安全配慮義務違反については、このような明文の規定はなく、近親者固有の慰謝料請求権は認められないものと解されている[63]。

しかしながら、原告が不法行為構成を選択し、近親者固有の慰謝料請求権を

---

62 なお、従前は不法行為時から20年が経過した場合には、除斥期間の経過により損害賠償請求権が消滅すると解されてきたが、平成29年の民法改正により、上記20年も時効期間であることが明記された。

63 鹿島建設・大石塗装事件・最判昭55・12・18民集34巻7号888頁。

行使したとしても，安全配慮義務違反構成の場合と比較して，トータルの慰謝料の額が増えるわけではないとの見解が有力である。

　以上のとおり，安全配慮義務違反と不法行為の点で若干の差異を想定することができるが，その差異はあまり大きいものではない。実際の訴訟においても，安全配慮義務違反と不法行為のいずれをも請求原因とする場合も多く，その場合，裁判例の多くは，いずれも請求原因についても同様の結論を導いている。
　そこで，以下においては，特に明記した場合を除き，両者を特段区別せずに解説する。

(4) 損害賠償請求の相手方

　過重労働を原因とする損害賠償請求において，被告となるのは，通常は雇用主である使用者である。また，後記⑨のとおり，個々の労働者や役員が損害賠償責任を負うとして，被告に追加されることもある。
　その一方で，雇用契約を締結していない場合であっても，被告として損害賠償請求されるケースがないわけではない。すなわち，下請取引が行われている場合における元請企業や，労働者派遣における派遣先事業主，出向契約における出向先企業も，指揮命令下に置いている労働者が過重労働により疾病に罹患すれば，損害賠償責任を負担する可能性がある。

① 元請企業の責任

　三菱重工神戸造船所事件・最判平3・4・11判時1391号3頁は，下請会社の作業員が使用者の事業場で，「いわゆる社外工として，上告人（注：使用者）の管理する設備，工具等を用い，事実上上告人の指揮，監督を受けて稼働し，その作業内容も上告人の従業員であるいわゆる本工とほとんど同じであったというのであり，このような事実関係の下においては，上告人は，下請企業の労働者との間に特別な社会的接触の関係に入ったもので，信義則上，右労働者に対して安全配慮義務を負うものである」として，元請企業に対して損害賠償責任を認めた。

② 出向先・出向元の責任

　労働者が他社に出向している場合には，出向元・出向先ともに，安全配慮義

務違反が問題となることがある。たとえば，ネットワークインフォメーションセンターほか事件・東京地判平28・3・16労判1141号37頁は，同一の人物が代表取締役を務める出向元・出向先についてではあるが，出向元・出向先の双方について，安全配慮義務違反を認めている。

なお，出向労働者に対する実際の指揮命令を行う出向先の安全配慮義務については，通常の事案における使用者の安全配慮義務と基本的には同一と考えることができるが，当該労働者への指揮命令を行わない出向元について，安全配慮義務違反の有無が問題となることがある。すなわち，JFEスチール（JFEシステムズ）事件・東京地判平20・12・8労判981号76頁は，「労働者が在籍中に出向した場合，出向元は，出向先及び出向労働者との間の合意により定められた権限と責任，労務提供，指揮監督関係等の具体的実態に応じた内容の，安全配慮義務」を負うとし，出向元・出向先の関係や，出向元は労働者を直接管理監督する立場にはなく，日常的に労働者の労働環境，健康状態を把握するのは困難であったこと等を考慮し，出向元の安全配慮義務違反を否定した。このほか，四国化工機ほか1社事件・高松高判平27・10・30労判1133号47頁や，A鉄道（B工業C工場）事件・広島地判平16・3・9労判875号50頁なども，出向元の義務違反を否定している。

　③　派遣先事業主の責任

労働者派遣における派遣先事業主も安全配慮義務違反に基づく損害賠償債務を負担することがある。たとえば，ティー・エム・イーほか事件・東京高判平27・2・26労判1117号5頁は，派遣会社および派遣先事業主について，労働者の体調不良を把握した以上，安全配慮義務の一環として，具体的に不良の原因や程度等を把握し，必要に応じて産業医の診察や指導等を受けさせるなどすべきであったと判断した（ただし，同判決は，労働者の自殺と安全配慮義務の因果関係の存在を否定している）。

3　安全配慮義務の内容

　上述のとおり，安全配慮義務の具体的内容は，事案の内容に応じて定まるものである。

大手広告代理店における過労自殺が問題となった電通事件・最判平12・3・24民集54巻3号1155頁は，使用者の注意義務の内容について，「使用者は，その雇用する労働者に従事させる業務を定めてこれを管理するに際し，業務の遂行に伴う疲労や心理的負荷等が過度に蓄積して労働者の心身の健康を損なうことがないよう注意する義務を負う」旨判示した。

また，たとえば，コンピュータ会社の労働者の脳幹部出血による死亡が問題となったシステムコンサルタント事件・東京高判平11・7・28労判770号58頁は，使用者は，①労働時間，休憩時間，休日，休憩場所等について適正な労働条件を確保し，さらに，②健康診断を実施したうえ，③労働者の年齢，健康状態等に応じて従事する作業時間および内容の軽減，就労場所の変更等適切な措置を採るべき義務を負うとの判断を示した。近年の裁判例の傾向としては，システムコンサルタント事件判決の判示に労働時間管理の観点を加え，使用者の安全配慮義務の具体的内容について，「労働時間を適切に管理し，労働時間，休憩時間，休日，休憩場所等について適正な労働条件を確保し，健康診断を実施したうえ，労働者の年齢，健康状態等に応じて従事する作業時間および作業内容の軽減等適切な措置を採るべき義務」と判示する例が多く見られる[64]。また，ホテル料理長の過労死が問題となった中の島（ホテル料理長）事件・和歌山地判平17・4・12労判896号26頁は，「労働時間中に労働者が傷病を負った場合，使用者には，必要な救護措置を講じる義務」（救護義務）があることを認めた。システムコンサルタント事件が判示した上記①ないし③の義務は，傷病が具体化する以前の時点における義務を問題としているのに対し，救護義務の議論においては，傷病が具体化した後の段階における使用者の義務の内容が問題となっている点が特徴的である。

もちろん，これらの判断も，当該事案に即して安全配慮義務の内容を具体化した点では，事例判断にすぎず，実際の事案においては，当該事案における労働者の職務の内容，性質，労働者の属性（経験の浅い者であるか，高齢者であるか等）によって安全配慮義務の具体的内容は異なることになる点に留意が必要であるが，こうした要素については，労働者が被災する以前から留意し，被

---

[64] グルメ杵屋事件・大阪地判平21・12・21労判1003号16頁等。

災した場合には，安全配慮義務を履行していたと主張・立証できるよう準備しておく必要がある。

【安全配慮義務の判断要素例】

- 労働時間の適切な管理
- 労働時間，休憩時間，休日，休憩場所等についての適正な労働条件の確保
- 健康診断の実施
- 労働者の年齢，健康状態等に応じて従事する作業時間および作業内容の軽減等適切な措置の有無
- 傷病発生後の救護措置の有無

なお，安全配慮義務の内容を特定する責任は，一義的には原告である労働者（遺族）にあるものと解されている。しかしながら，現実的には，労働者（遺族）は，自身の労働時間や使用者の労務管理制度に関する情報を持っていないことも多い。そのため，ある程度概括的な主張・立証を行えば，使用者側に反論を求められ，結果として事実上，使用者側に安全配慮義務違反に関する主張・立証責任が転嫁されることはしばしば見られる。したがって，使用者としては，労働者（遺族）の主張内容の見極めと並行して，使用者自身の労務管理体制がどのようになっていたのか，当該労働者に対してはきちんと管理されていたのか，について確認する必要がある。

4 因果関係の存在

　安全配慮義務違反，不法行為のいずれの構成についても，業務と死亡の間に因果関係が認められることが必要である。そして，因果関係が認められるためには，条件関係（「あれなければこれなし」の関係）が認められることを前提に，相当因果関係が認められることが必要であると解される。
　相当因果関係については，民法416条が，通常損害（同条1項）と特別損害（同条2項）を区別し，特別損害については特別事情につき予見可能性が認め

られる場合にのみ因果関係を認めていると解されるところ，長時間労働によって過労死が発生することは通常想定されるため，当該死亡結果は，通常損害であると解される[65]。

過重労働における因果関係の判断にあたっては，以下にそれぞれ述べるとおり，行政基準を参照して判断が行われることが多い。

(1) 脳・心臓疾患事案

第2節でも取り上げた脳・心臓疾患認定基準は，各労働基準監督署が過重労働による脳・心臓疾患への罹患やその結果としての死亡と疑われる事案について，労災認定を行うにあたり参考とする行政上の基準である。

しかし，この基準は，脳・心臓疾患についての医学的知見を踏まえて作成されているため，民事上の損害賠償請求訴訟においても，一つの重要な参考資料となる。裁判例においても，因果関係の判断においては，基本的には脳・心臓疾患認定基準に依拠して判断がなされることが多い（ただし，あくまでも行政上の基準にすぎないため，裁判所の判断を拘束するものではなく，後述のとおり，脳・心臓疾患認定基準と異なる判断を行った裁判例も存在する）。

脳・心臓疾患認定基準の具体的内容については，概要，以下の3つの観点から判断が行われる。

---

① 発症直前から前日までの間に，異常な出来事が発生していなかったか。

② 発症前おおむね1週間において，継続した長時間労働や休日労働その他の過重業務に従事していなかったか。

③ 発症前おおむね6カ月間において，(a)発症前1カ月間ないし6カ月間にわたって，1カ月当たりおおむね45時間を超える時間外労働を行っていたか，また，(b)発症前1カ月間におおむね100時間または発症前2カ月間ないし6カ月間にわたって，1カ月当たりおおむね80時間を超える時間外労働が認められるか。

裁判例においても，因果関係の有無については，脳・心臓疾患認定基準に基

---

65 前掲注61・大島＝戸取43頁。

づいて判断を行うものが一般的であり，代理人としては，当該基準を意識した訴訟活動を行うことが必要となる。労災認定手続が先行し，すでに労災認定がなされている場合には，民事上の損害賠償請求訴訟においても，因果関係が肯定されることが通常であり，使用者としてこの点を争うのは困難であることが多い。

他方，先行して労災保険給付の不支給決定がなされている場合には，労災民訴においても因果関係が否定されることが多い。

(2) 精神障害事案

同じく，精神障害認定基準は，各労働基準監督署が過重労働による精神障害や自殺と疑われる事案について労災認定を行うにあたって参考とする行政上の基準である。

しかし，精神障害認定基準は，脳・心臓疾患認定基準と同様，過労自殺事案に係る民事上の損害賠償請求訴訟においても，重要な判断基準として参照されている（ただし，あくまでも行政上の基準にすぎないため，裁判所の判断を拘束するものではなく，後述のとおり，精神障害認定基準と異なる判断を行った裁判例も存在する。たとえば，ヤマダ電機事件・前橋地高崎支判平28・5・19労判1141号5頁は，労災認定手続においては自殺の業務起因性が肯定されていた事案において，労基署長の認定等を否定し，長時間労働による過重な負荷は発生していなかったとして，精神障害の発症自体を否定している）。

精神障害認定基準の具体的内容については，概要，以下の①ないし③が要件として要求される。

---

① 対象疾病を発病していること
② 対象疾病の発病前おおむね6カ月の間に，業務による強い心理的負荷が認められること
③ 業務以外の心理的負荷および個体側要因により対象疾病を発病したとは認められないこと

裁判例も，精神障害事案における相当因果関係の判断にあたっては，精神障害認定基準に依拠する傾向にある点は，脳・心臓疾患事案と同様である。

5 損害の発生およびその数額

　損害の発生およびその数額も，一般の損害賠償請求事件と同様に要件事実となる。請求する損害の費目としては，積極損害（治療費，付添看護費等），消極損害（休業損害，後遺症逸失利益等），慰謝料，弁護士費用等が考えられる。
　以下，損害費目ごとにそれぞれ解説する。

(1) 積極損害
① 治療費
　過重労働に起因して疾病に罹患した場合，医師に支払った治療費は，通常，安全配慮義務違反と相当因果関係のある損害であるため，損害として請求しうる。もっとも，治療の内容が，疾病の内容との関係において，医学的必要性もしくは合理性を欠く場合（過剰診療）または診療行為に対する報酬額が，特段の事由がないにもかかわらず，社会一般の診療費水準に比して著しく高額な場合（高額診療）には，相当因果関係を欠くものとして，損害として認められない可能性がある。

② 付添費用
　交通事故事案においては，医師の指示または受傷の内容・程度等により付添人が必要である場合には，職業付添人については実費全額，近親者付添人は1日につき6,500円を基準に入院付添費が被災者本人の損害として認められている（なお，一定の場合には通院付添費も損害として認められる）[66]。
　過重労働によって障害を負った場合においても，交通事故事案と同様，障害の程度等に応じ，付添費用が損害として認められる場合がある。
　たとえば，康正産業事件・鹿児島地判平22・2・16労判1004号77頁は，過重労働により心室細動を発症して完全麻痺になったところ，入院中の病院は完全介護体制であり医師からの付添指示もなかったが，きめ細かな対応が必要で

---

[66] 日弁連交通事故相談センター東京支部『民事交通事故訴訟 損害賠償算定基準上巻（基準編）2018（平成30年）』（日弁連交通事故相談センター東京支部，2018年）12頁。

あったとして，近親者付添人について，日額4,000円の付添看護費および日額1,500円の看護雑費を損害として認定している。

③　将来介護費

将来において発生する介護費についても，医師の指示または症状の程度により必要である場合には，損害として認められる。なお，これらは将来において発生する損害であるから，ライプニッツ係数等の利用により，中間利息を控除する調整が行われる。

前掲・鹿児島地判平22・2・16労判1004号77頁（康正産業事件）は，将来付添費についても，近親者による看護が期待できる期間については，近親者による付添看護費および看護雑費の合計額として日額1万2,000円の損害（中間利息の控除により合計3,683万2,032円）を認定し，かかる期間以降については，職業付添人による介護費用として日額2万5,000円の損害（中間利息の控除により，合計8,735万9,100円）を認定している。

また，天辻鋼球製作所（小脳出血等）事件・大阪地判平20・4・28労判970号66頁は，労働者が，過重労働に起因する小脳出血・水頭症発症によって日常生活のほぼ全部において介助を要する状態となったケースについて，近親者による介護が期待できる期間については，職業介護人および近親者による介護に係る費用として日額1万6,000円，かかる期間以降については，職業介護人のみによる介護に係る費用として日額1万8,000円を損害として認め，中間利息を控除した結果，合計1億378万5,487円の将来介護費を損害として認定している。

これらの事例からわかるように，将来介護費は，障害の程度や余命等に応じ，場合によっては非常に高額になることがある点に留意が必要である。

④　雑　　費

交通事故事案においては，入院雑費として，1日1,500円が損害として認められている[67]。

過重労働事案においても，同程度の入院雑費が損害として認められることが多い（前述の鹿児島地判平22・2・16労判1004号77頁（康正産業事件）も日額

67　前掲注66・日弁連交通事故相談センター東京支部37頁。

1,500円を看護雑費として認めている）が，このほかに必要な費用（入院中に必要とした医療用具に係る費用等）があれば，これも損害として認定されることがある。

⑤　通院交通費・宿泊費等

通院のために必要な交通費については，症状の程度等に照らし，必要となる交通手段（公共交通手段に係る費用，自家用車による移動のための実費相当額等）が損害として認定される。近親者による付添が必要な場合には，当該付添のための交通費も損害として認定されうる。

また，通院のために宿泊が必要となるような事情がある場合には，宿泊費が損害として認定される場合もある。

(2)　消極損害

①　休業損害

過重労働に起因する疾病等によって，労働者が休業を余儀なくされた場合には，発症前の収入を基礎として，休業によって生じた現実の収入減が，休業損害として認められる。なお，現実の収入減がない場合であっても，通院等のために有給休暇を利用した場合にも，休業損害として認められる。

休業期間中に昇給または昇格があった場合には，かかる昇給・昇格後の収入を基礎として，休業損害が計算される。また，休業によって，賞与の減額・不支給，昇給・昇格の遅延が生じた場合には，これに被った損害も，休業損害として認められることがある[68]（もっとも，昇給・昇格の遅延については，立証が困難なケースも想定される）。

休業損害の算定にあたっては，残業代も加味される。たとえば，横河電気（SE・うつ病罹患）事件・東京高判平25・11・27労判1091号42頁は，「控訴人（注：労働者）が過重な心理的負荷の掛かる業務に従事せず，鬱病を発症しなければ得られたであろう収入額は，想定される基本給に，想定される残業代として，平成17年1月から8月まで（同年9月以降については，時間外労働時間の記録が正確でなかったり，控訴人にとって過度の負荷となる時間外労働が行

---

[68]　前掲注66・日弁連交通事故相談センター東京支部67頁。

われたことから，これを考慮しない。）の平均残業時間を考慮し，3割を加算して，さらに想定される賞与（1か月当たりで計算する。）を加えた額から，上記期間中に控訴人が実際に受領した給与，賞与（1か月当たりで計算する。）及び傷病手当金の額を控除して，算出するのが相当である。」として，合計256万9,731円の休業損害を認定しており，残業代を含めて，障害がなかった場合の想定額と実際の支給額の差額を休業損害としている。

② 逸失利益

過重労働によって脳や心臓に障害が生じた場合，当該障害によって労働能力が低下ないし失われる場合がある。かかる場合，当該労働能力低下の程度，収入の変化，将来の昇進・転職・失業等の不利益の可能性，日常生活上の不便等を考慮し，後遺症による逸失利益が損害として認定されうる。後遺症逸失利益は，基礎となる収入に労働能力喪失率および労働能力喪失期間（ライプニッツ係数により中間利息を控除）を掛け合わせて算定される。

また，過労死や過労自殺によって死亡した場合には，死亡しなければ得られたであろう逸失利益が損害として認定される。死亡逸失利益の場合は，基礎となる収入に，被扶養者の有無等によって定められる生活費控除率を控除し，就労可能年数（ライプニッツ係数により中間利息を控除）を掛け合わせる。

逸失利益算定の基礎となる収入は，原則として発症前の現実の収入であるとされるが，現実の収入が賃金センサス[69]の平均額以下である場合であっても，平均額が収入として得られる蓋然性が認められる場合には，当該平均額を基礎として算定される。また，将来において，現実の収入以上の収入を得られることが立証された場合には，当該収入が基礎収入とされる[70]。

後遺症事案における労働能力喪失率は，労働省労働基準局長通牒（昭32・7・2基発第551号）別表の労働能力喪失率表を参考としつつ，労働者の職業，年齢，性別，後遺症の程度，発症前の稼働状況等を考慮し判断される。

過労死・過労自殺事案における生活費控除率は，労働者が死亡することによって，費消せずに済んだ生活費分を控除するもので，扶養すべき者の人数に

---

69 厚生労働省「賃金構造基本統計調査」における年齢階級別の給与額。
70 前掲注66・日弁連交通事故相談センター東京支部89頁。

次に、労働能力喪失期間は、症状固定日を始期として（過労死・過労自殺事案では、就労可能年数は、死亡時を始期とする）、終期については、67歳が原則とされるが、労働者の職種、地位、健康状態、能力等の具体的事実関係次第では、これと異なる判断がなされることもある。

　なお、逸失利益は、将来において発生する損害であるから、中間利息が控除される。東京地裁は、交通事故事案に関し、中間利息の控除にあたってライプニッツ方式を用いる旨宣言しており、これは過重労働事案においても同様であると考えられる。

　後遺障害による逸失利益を損害と認めた裁判例の一例として、仁和寺事件・京都地判平28・4・12労判1139号5頁は、原告が過重労働等に起因する抑うつ神経症によって就労不能となった当時の年収は487万2,000円、症状固定時56歳であった事案において、就労可能年数は12年（対応するライプニッツ係数は8.863）とし、また、労働能力喪失率については、平成26年8月に後遺障害等級9級の認定を受け、平成27年4月においても就労不能の状態が続いていたことや、現在も1人で公共の乗り物に乗れない、時折仕事場のことがフラッシュバックして寝られなくなる等の症状に鑑み、症状固定以降就労可能年数の全期間にわたり、労働能力を35％程度喪失したものと判断し、1,511万3,187円の逸失利益を損害として認めている。

③　不就労期間中の賃金

　過重労働に起因して労働者が疾病に罹患したこと等により、就労不能の期間が生じた場合において、かかる事態について使用者の安全配慮義務違反が認められる場合、労働者は、使用者の責めに帰すべき事由によって労務提供が不可能になったとして、休業損害に代えて、かかる不就労期間中の賃金を請求することも可能である（民法536条2項）。

　かかる構成による場合には、債務不履行または不法行為に基づく損害賠償請求ではない以上、過失相殺および素因減額の主張が認められない可能性があることに留意が必要である（たとえば、前掲・京都地判平28・4・12労判1139号5頁（仁和寺事件）は、民法536条2項に基づく賃金請求に関し、過失相殺または素因減額が適用される余地はない旨判示している）。

民法536条2項に基づく未払賃金請求は，未払いとなっている賃金を請求するものである以上，その主張・立証の構造は，通常の残業代請求と同様である。したがって，ここまでに述べてきたことのほか，基本的に，通常の未払残業代請求訴訟における主張・立証と同様の分析が妥当する[71]。

(3) 慰謝料

過重労働事案における慰謝料の額は，死亡事案とそうでない事案とで大きく異なっている。

死亡事案においては，死亡という結果それ自体が重大であるため，慰謝料も高額に上ることが一般的であり，おおむね，2,000万円から3,000万円程度の慰謝料（交通事故における死亡慰謝料と同水準）が認められている[72]。

労働者が死亡していない事案においては，後遺障害が認定された事案とそうでない事案で認容額に差が生じている。後遺障害が認定された事案では，500万円から1,000万円程度の慰謝料を認めている事例が多いが，後遺障害が重度である場合には，2,000万円以上，3,000万円以上の高額の慰謝料を認容した裁判例も存在する。

他方，後遺障害が認定されていない事案においては，500万円以下の認容がほとんどであり，100万円以下の認容となっている事例も多い[73]。

慰謝料額決定にあたっての考慮要素としては，死亡や後遺障害発症に至るまでの勤務状況，後遺障害の程度，安全配慮義務の内容，労働者の年齢，家族関係，当該労働者が一家の支柱であったか，等の要素が考慮されているようであり[74]，これらの要素を意識して主張・立証を行う必要がある。

---

71 未払残業代請求訴訟における主張・立証については，荒井太一ほか『労働訴訟―解雇・残業代請求』（中央経済社，2017年）参照。
72 東京弁護士会労働法制特別委員会編著『労働事件における慰謝料―労働判例からみる慰謝料の相場』（経営書院，2015年）316頁。
73 前掲注72・東京弁護士会労働法制特別委員会編著356頁。
74 前掲注72・東京弁護士会労働法制特別委員会編著314頁。

(4) 弁護士費用

過重労働事案において訴訟提起する場合，労働者は，弁護士に委任するのが通常であり，弁護士費用の支出が生じる。

この点，債務不履行に基づく損害賠償請求においては，弁護士費用を損害として認めない裁判例も存在していたが，最判平24・2・24判タ1368号63頁が，安全配慮義務違反を理由とする債務不履行に基づく損害賠償請求は，弁護士に委任しなければ十分な訴訟活動をすることが困難な類型に属する請求権であることを理由として，「労働者が，使用者の安全配慮義務違反を理由とする債務不履行に基づく損害賠償を請求するため訴えを提起することを余儀なくされ，訴訟追行を弁護士に委任した場合には，その弁護士費用は，事案の難易，請求額，認容された額その他諸般の事情を斟酌して相当と認められる額の範囲内のものに限り，上記安全配慮義務違反と相当因果関係に立つ損害というべきである」旨判示し，安全配慮義務違反に基づく損害賠償請求においても弁護士費用が損害として認定されることを示した。同裁判例は過重労働事案に関するものではないが，過重労働事案でも同様のことが妥当するものと考えられ，実際，弁護士費用を損害として認めている裁判例も多い。

損害として認定される額は，（弁護士費用以外の）損害額（認容額）の1割程度となるのが一般的である。

(5) 遅延損害金

安全配慮義務違反に基づく損害賠償請求は，債務不履行に基づく損害賠償請求であるから，期限の定めのない債務であり，請求を受けた時点から遅延損害金が発生する。利率は年5分とすることが実務上一般的であり，東芝（うつ病・解雇〔差戻審〕）事件・東京高判平28・8・31労判1147号62頁も，原告が商法514条に基づき年6分の遅延損害金を請求した事案において，安全配慮義務違反に基づく損害賠償債務は商法514条の「商行為によって生じた債務」とはいえない旨判示している。

他方，不法行為に基づく損害賠償請求については，不法行為の時点から，年5分の遅延損害金が発生する。

6 過失相殺，素因減額

　使用者に安全配慮義務違反が認められ，当該義務違反と死亡結果の間の相当因果関係が存在すると判断された場合であっても，当該結果が，労働者側の過失または素因が寄与した結果発生した場合には，過失相殺または素因減額による損害賠償額の調整が行われる。なお，過失相殺および素因減額の双方が適用される場合には，減額調整は別々に行われるのではなく，労働者側の過失と素因の双方を考慮のうえで減額割合が決定されることになる。

　以上の一般論それ自体は通常の債務不履行または不法行為の場合と異なるところではないが，過重労働事案における過失相殺と素因減額については，以下のとおり，事案の特質に応じた特殊性が存在する。

(1)　過失相殺
①　概　　要

　使用者が安全配慮義務に基づき労働者の健康管理について一定の配慮を行う義務を負う反面，労働者も，自己の健康管理について責任を負っていると考えられている。

　すなわち，雇用契約上の労働者の義務である労務の提供を行うためには，労働者が健康である必要がある。そのため，労働者自身，雇用契約にともなう信義則上，自己の健康を管理する義務（自己保健義務）を負っていると解される。たとえば，前掲・鹿児島地判平22・2・16労判1004号77頁（康正産業事件）は，「労働者は……一般の社会人として自己の健康の維持に配慮することが当然に期待されており，いかなる態様・程度の健康維持が求められるかは，当該労働者が提供する労務の内容，労働時間・賃金等の労働条件，労働者自身の健康状態等の諸要素に照らして，総合的に判断される」旨判示し，労働者が自身の健康管理について一定の義務を負っていることを明らかにしている。

　以上を前提にすれば，労働者が自身の健康を管理する義務（自己保健義務）を懈怠した場合には，労働者側の過失として，過失相殺による損害賠償額の減額が行われることとなる。

具体的には，労働者に健康上の問題がある場合に，必要な医師の診療・治療を受けていない場合や，自身の健康状態について使用者に適切に報告を行っていない場合等には，過失相殺による損害賠償額の減額が行われる可能性が存在する。

なお，後述する労災保険給付の損益相殺が行われる場合，過失相殺と損益相殺の先後関係が問題となるが，判例上，損害賠償請求権はあくまで過失相殺による減額後に確定するため，過失相殺後に労災保険給付の損益相殺が行われるものとされている（前掲注63・最判昭55・12・18民集34巻7号888頁（鹿島建設・大石塗装事件））。

② 過労自殺事案における特殊性

以上の考え方は過重労働事案において基本的には共通である。もっとも，過労自殺事案においては，うつ病等の精神疾患が自殺の原因となるところ，かかる精神疾患に関する情報は労働者のプライバシーに深く関わる情報であるため，労働者がその具体的な病名や症状についてまで使用者に報告を行っていなかったとしても，労働者側の過失とは認められない場合も存在する点に留意が必要である。

すなわち，東芝（うつ病・解雇）事件・最判平26・3・24判タ1424号95頁[75]は，頭痛等の体調不良や，気分が憂鬱である等の症状を申告し，業務負担の軽減を求めていたものの，具体的な病名等までは申告していなかった事案において，労働者が，「自らの精神的健康（いわゆるメンタルヘルス）に関する情報は，神経科の医院への通院，その診断に係る病名，神経症に適応のある薬剤の処方等を内容とするもので，労働者にとって，自己のプライバシーに属する情報であり，人事考課等に影響し得る事柄として通常は職場において知られることなく就労を継続しようとすることが想定される性質の情報であったといえる。使用者は，必ずしも労働者からの申告がなくても，その健康に関わる労働環境等に十分な注意を払うべき安全配慮義務を負っているところ，上記のように労働者にとって過重な業務が続く中でその体調の悪化が看取される場合には，上記のような情報については労働者本人からの積極的な申告が期待し難いことを

---

[75] 前掲・東京高判平28・8・31労判1147号62頁は，当判決の差戻後の控訴審判決である。

前提とした上で，必要に応じてその業務を軽減するなど労働者の心身の健康への配慮に努める必要があるものというべきである。」旨判示し，労働者がその病名等を申告していなかった事実をもって過失相殺等の対象とすることはできない旨判断している。したがって，過労自殺事案において過失相殺を主張する場合には，同判決を踏まえたうえで労働者側の過失を特定する必要がある（ただし，同判決は，労働者による体調不良の申告や業務軽減の申出がなされていた事案であり，会社において予見可能性が認められる可能性が相当程度存在した事案であったため，これと異なる事案においては，同判決の射程外となりうるものと思われる）。

(2) 素因減額

過労死事案・過労自殺事案においても，一般の損害賠償請求事件と同様に，被災労働者の心因的要因や疾患（既往症）が結果発生に寄与している場合には，民法418条または同法722条2項の類推適用により，損害賠償額の減額を行うことが認められる（素因減額）。

素因減額の対象となる事由としては，以下のようなものが考えられる。

① 基礎疾患

死亡した労働者が肥満や血管病変等の基礎疾患を有しており，当該疾患が寄与して死亡という結果が発生している場合には，当該基礎疾患の寄与度を考慮して素因減額を行うことは認められるものと解される。

東日本電信電話事件・最判平20・3・27民集227号585頁は，急性心筋虚血によって死亡した労働者が，家族性高コレステロール血症に罹患していた事案に関し，「被害者に対する加害行為と加害行為前から存在した被害者の疾患とが共に原因となって損害が発生した場合において，当該疾患の態様，程度等に照らし，加害者に損害の全部を賠償させるのが公平を失するときは，裁判所は，損害賠償の額を定めるに当たり，民法722条2項の規定を類推適用して，被害者の疾患をしんしゃくすることができる。」と判示し，労災民訴においても，基礎疾患の態様，程度等に照らし，加害者に損害の全部を賠償させるのが公平を失する場合には，当該基礎疾患を理由として素因減額を行う可能性を認めている。

② 労働者の性格

過労自殺事案においては，几帳面や神経質である等の労働者の性格が，うつ病等の精神疾患の罹患の原因ないし背景事情となっていることも多く，かかる労働者の性格を理由として素因減額を行うことができるかが問題となる。

前掲・最判平12・3・24民集54巻3号1155頁（電通事件）は，「損害を公平に分担させるという損害賠償法の理念に照らし，民法722条2項の過失相殺の規定を類推適用して，損害の発生又は拡大に寄与した被害者の性格等の心因的要因を一定の限度で斟酌することができる」として，過重労働事案においても素因減額を行う余地を肯定したうえで，「しかしながら，企業等に雇用される労働者の性格が多様のものであることはいうまでもないところ，ある業務に従事する特定の労働者の性格が同種の業務に従事する労働者の個性の多様さとして通常想定される範囲を外れるものでない限り，その性格及びこれに基づく業務遂行の態様等が業務の過重負担に起因して当該労働者に生じた損害の発生又は拡大に寄与したとしても，そのような事態は使用者として予想すべきものということができる。しかも，使用者又はこれに代わって労働者に対し業務上の指揮監督を行う者は，各労働者がその従事すべき業務に適するか否かを判断して，その配置先，遂行すべき業務の内容等を定めるのであり，その際に，各労働者の性格をも考慮することができるのである。したがって，労働者の性格が前記の範囲を外れるものでない場合には，裁判所は，業務の負担が過重であることを原因とする損害賠償請求において使用者の賠償すべき額を決定するに当たり，その性格及びこれに基づく業務遂行の態様等を，心因的要因として斟酌することはできないというべきである。」旨判示した。

かかる判示を前提とすれば，労働者の性格を原因として素因減額を行うためには，同種の業務に従事する労働者の個性の多様さとして通常想定される範囲を外れるものであることを主張・立証することが必要となる。

前掲・最判平12・3・24民集54巻3号1155頁（電通事件）は，上記判断枠組みを前提として，問題となった労働者の性格が同種事業に従事する労働者の性格として通常想定される範囲を外れるものとはいえない旨判断しており，また，前掲・最判平26・3・24判タ1424号95頁（東芝（うつ病・解雇）事件も，同様の判断枠組みを採用し，素因減額を否定している。

他方，トヨタ自動車ほか事件・名古屋地判平20・10・30労判978号16頁は，周囲への助力や配慮を求めるにあたって，はっきりと自己の意思を告げることができず，結核で通院を開始した際に業務負担の軽減を申し出ず，また，うつ病の診断を受けた後も休職せずに，残業をしないよう指示されたにもかかわらず残業を続けるなどした労働者の性格について，心身の健康を害するような状況にあるのに負担軽減のための行動を避けた点において，同種の業務に従事する労働者の個性の多用さとして通常想定される範囲をいささか外れる旨判断し，素因減額により損害賠償額を3割減額している。

③ その他事由

基礎疾患，労働者の性格のほかに，喫煙・飲酒等の習慣，私生活上の悩み事等も素因減額事由として主張されることがある。

たとえば，ハヤシ（くも膜下出血死）事件・福岡地判平19・10・24判時1998号58頁は，長時間労働に起因するくも膜下出血によって労働者が死亡した事案において，当該労働者が，くも膜下出血発症の4年前から継続して高血圧と診断されており，喫煙をやめて血圧を下げるように留意すべきであったのに，1日当たり約20ないし30本もの多量の喫煙を続けていたこと，疲労が相当蓄積した状態にありながら，なお喫煙を続けていたこと等を考慮して，損害賠償額を2割減額している。

また，富士通四国システムズ事件・大阪地判平20・5・26判タ1295号227頁は，労働者が，生活が不規則にならないようにとの指導・助言を受けたにもかかわらず，これを聞き入れることなく自らの意思で連日深夜まで勤務し続けた結果，最終的にうつ病発症に至った点について，過失とまでは評価できないとしつつも，素因減額により損害賠償額の3分の1を減額している。

素因減額は，損害の公平な分担の観点から認められているものであり，かかる趣旨に鑑みて損害賠償額を減額することが妥当といえるような事由が存在するのであれば，基礎疾患や労働者の性格以外の事由であっても，素因減額が認められる可能性は存在するものと考えられる。

7 損益相殺

　損益相殺とは，労働者が損害を被ったのと同一の原因によって利益を受けた場合に，公平の見地から，当該利益を損害額から控除する原理である。過重労働による損害賠償請求では，主に以下の要素が考慮される。

(1) 労災保険給付と損害賠償の調整
① 既払い分の労災保険給付

　過労死・過労自殺と疑われる事案について，被災者の遺族は，所轄の労働基準監督署に対して労災保険給付を申請することができ，当該死亡について業務起因性が存在すると判断された場合には，労災保険給付が行われる。この場合，かかる労災保険給付と，使用者の損害賠償責任の調整（損益相殺）が問題となりうる。

　労働基準法上は，使用者が行う労災補償と損害賠償責任の調整については明文の規定があり，使用者が遺族に対して労災補償を行った場合には，使用者は，当該補償の限度で，民法上の損害賠償責任を免れる旨が規定されている（労基法84条2項）。行政が行う労災保険給付と使用者の損害賠償責任の調整については，このような明文の規定はないものの，労災保険制度は，使用者の労災補償責任を補填する制度である以上，上記の労基法の規定の趣旨は，労災保険法に基づく労災保険給付についても妥当すると考えられている。

　したがって，行政が労災保険給付を行った場合には，使用者は，かかる給付の限度で，民法上の損害賠償責任を免れることになる（労基法84条2項類推適用）。

　なお，労災保険給付は，労働者の被った財産的損害（主として逸失利益）の回復を目的としており，精神的損害等について補償するものではない。したがって，労災保険給付が行われたとしても，当該給付によってカバーされない損害，すなわち，精神的損害や，積極損害（入院雑費，付添看護費等）については損害賠償責任が軽減されるわけではない点には留意が必要である。

② 将来分の労災保険給付

以上は既払いの労災保険給付についてであるが、将来にわたって支給される労災保険年金と、使用者の損害賠償責任の調整については、別途の考慮が必要となる。この点については、労災保険法64条が調整規定を設けており、立法的な解決が図られている。

すなわち、労災保険法附則64条1項1号は、遺族補償年金の受給権者が当該年金の前払一時金を請求できる場合において、事業主は、遺族補償年金の給付を受ける権利が消滅するまでの間、前払一時金給付の最高限度額の範囲で、民法上の損害賠償義務を履行しないことができる旨を規定している（履行猶予）。なお、同号は、あくまで履行猶予の規定であるから、遺族補償年金の給付を受ける権利が消滅した場合には、損害賠償義務を履行する必要がある。

また、同項2号は、上記によって履行猶予が行われている場合において、猶予期間中に遺族補償年金またはその前払一時金の支給が行われた場合には、支給額を法定利率により現価に換算した額の限度で民法上の損害賠償責任を免れる旨を規定している（免責）。

もっとも、将来分の労災保険給付と損害賠償責任の調整は、既払いの労災保険給付の場合と比較して、調整方法が複雑となるため、実務においては、条文どおりに適用することが困難な側面も存在する。そのため、実務上、訴訟上の和解等に際しては、上記調整規定を厳密に適用するのではなく、概括的な計算に基づいて解決金額を決定することも多い。

使用者側としては、かかる場合であっても、労災保険法附則64条1項によって調整した金額がどの程度になるかを念頭に置いたうえで、解決金額を交渉・決定していく必要がある。

なお、過労死・過労自殺につき業務起因性が認められる事案において、民事上の紛争を和解によって解決する場合、当事者の通常の意思としては、解決金とは別に、労災保険給付の支給が行われることを前提としていることが多いと思われるが、かかる前提と、労災事案につき労働者が使用者から損害賠償を受けたときには一定の限度で労災保険給付を行わないことができる旨定める労災保険法64条2項との関係が問題となる。この点については、「民事損害賠償が行われた際の労災保険給付の支給調整に関する基準」（昭56・6・12基発第60号）

は,「労災保険給付が将来にわたり支給されることを前提としてこれに上積みして支払われる示談金及び和解金については,労災保険給付の支給調整を行わない」旨定めており,将来の労災保険給付相当分を含めて一時金により賠償する旨を和解合意書等において明示しない限り,解決金の支払を受けたとしても,労災保険給付の受給資格は失われないこととなる。

(2) その他損益相殺が問題となる事由

以上に述べた労災保険法に基づく保険給付のほか,死亡した労働者の遺族が,国民年金保険法に基づく遺族基礎年金や,厚生年金保険法に基づく遺族厚生年金を受給した場合にも,損益相殺により,使用者の損害賠償額は減額される(沖縄医療生活協同組合事件・最判平11・10・22民集53巻7号1211頁,最判平16・12・20判タ1173号154頁)。

次に,退職金については,別途の検討が必要になる。退職金は,本来労働者本人に支給されるものであり,相続財産となるから,労働者が死亡した際に支給される死亡退職金も,損益相殺の対象になるように思われる。しかし実務では,死亡退職金の受取人として,通常の相続人とは異なり,労基法施行規則42条と同様の順位で受給権者を規定しているケースが多い[76]。その場合は,そもそも損害を塡補する性質のものではないため,損益相殺の対象とはならないものとされている(前掲・福岡地判平19・10・24判時1998号58頁(ハヤシ(くも膜下出血死)事件)。香典も同様である(最判昭43・10・3判時540号38頁)。

なお,労働者が死亡した場合に使用者が任意に支給する上積み補償金・弔慰金等の金員は,当該金員が損害の塡補の性質を有する場合には,損益相殺の対象となることがある。当該金員が損害の塡補の性質を有するか否かについては,当該金員に関する就業規則その他の規程の記載等に照らし,個別の事案ごとに判断されることとなる。

たとえば,O社事件・神戸地判平25・3・13労判1076号72頁は,労災上乗せ補償である死亡弔慰金について,死亡弔慰金支給に関する内規において,当該

---

[76] 順位としては,①配偶者,②労働者の収入によって生計を維持していた労働者の子,③父母,④孫,⑤祖父母,⑥②～⑤で労働者の収入によって生計を維持していなかった者および兄弟姉妹(労基法施行規則42条～45条)。

死亡弔慰金の目的が遺族の生活安定を図ることにあるとされていること，内規には損害賠償請求権の代位取得の規定がないこと等からすれば，死亡による損害の塡補を目的とするものではないとして，当該死亡弔慰金は損益相殺の対象にならないものと判断している。

8 主張・立証上のポイント

(1) 安全配慮義務違反の不存在
① 概　要

上記③のとおり，近年の裁判例においては，使用者の負う安全配慮義務の具体的内容について，「(i)労働時間を適切に管理し，(ii)労働時間，休憩時間，休日，休憩場所等について適正な労働条件を確保し，(iii)健康診断を実施したうえ，(iv)労働者の年齢，健康状態等に応じて従事する作業時間および作業内容の軽減等適切な措置を採るべき義務」等と表現する裁判例が多くなっている。

したがって，使用者として，安全配慮義務違反が存在しないことを主張・立証するためには，上記(i)ないし(iv)の義務を履行していたことを，具体的な事実に基づき主張・立証することが必要となる。また，このほか，使用者に予見可能性が認められない場合には，安全配慮義務違反があったとは認められないため，予見可能性の不存在を主張することも考えられる。以下，それぞれ解説する。

② 労働時間の管理
(a) **労働時間管理の重要性**

使用者は，労働者の労働時間を適切な方法によって把握し，管理する義務を負っている。使用者が労働時間の管理を適切に行わない場合には，労働者の業務実態・長時間労働の事実を把握することができないから，安全配慮義務を果たしたものとはいえない。

裁判例においても，山元事件・大阪地判平28・11・25労判1156号50頁や前掲・東京地判平28・3・16労判1141号37頁（ネットワークインフォメーションセンターほか事件）は，使用者が労働時間の管理を行っていなかったことを安

全配慮義務違反を認める根拠として挙げている。

　したがって，使用者としては，安全配慮義務違反がないことを主張する大前提として，使用者において，労働者の労働時間の管理を適切に行っていたことを主張・立証する必要がある。

　　(b)　**適切な労働時間管理の方法**

　使用者が一定の労働時間管理を行っている場合でも，当該管理方法によって把握できていない労働時間が存在する場合には，かかる時間外労働に起因する負荷によって過重労働が生じてしまう可能性を否定できない。したがって，適切な労働時間管理の方法を採用することが重要となるが，この点については，厚生労働省が平成29年1月20日に策定した「労働時間の適正な把握のために使用者が講ずべき措置に関するガイドライン」が参考になる。

　これによれば，使用者としては，原則として，①使用者自らが現認することにより確認し，適正に把握すること，または，②タイムカード，ICカード，パソコンの使用時間の記録等の客観的な記録を基礎として確認し，適正に記録することのいずれかの方法によって労働時間の管理を行うことが望ましい。これらの方法によらず，労働者に労働時間を自己申告させる自己申告制を採用する場合には，自己申告によって把握した労働時間が実際の労働時間と合致しているかについて必要に応じて調査を行い，所要の労働時間の補正を行うことが必要となる。

　　(c)　**管理監督者性**

　実務上，使用者の安全配慮義務違反が存在しない根拠として，問題となった労働者が管理監督者に該当する旨主張される例が多い。すなわち，管理監督者については，労働時間管理を行っていないことが前提となるから，仮に労働時間の管理をしていなかったとしても，ただちに使用者が安全配慮義務に違反したことにはならないのである。

　この点，管理監督者性については，労働者の職務内容，職務権限，勤務態様（労働時間に関する裁量の有無），賃金等の待遇等に照らして判断されることになるが，労災民訴事案においては，管理監督者性を否定したうえで，安全配慮義務違反を認めている事例が多いように思われる（過労死・過労自殺に至る長時間労働が生じていることそれ自体，労働時間等に関する裁量を有していない

ことを示唆する事実となりうるためであると考えられる）。

　たとえば，システム開発プロジェクトにおけるプロジェクトマネージャーの過労自殺が問題となった前掲・東京地判平20・12・8労判981号76頁（JFEスチール（JFEシステムズ）事件），飲食店チェーンの過労死が問題となった前掲注64・大阪地判平21・12・21労判1003号16頁（グルメ杵屋事件），工具専門商社の営業所長の過労死が問題となった千葉地松戸支判平26・8・29労判1113号32頁（住友電工ツールネット事件）などは，いずれも死亡した労働者が管理監督者にあたるとの使用者の主張を退けている。

　もっとも，管理監督者性を主張する対象となる労働者は，法的には管理監督者に該当しないとしても，一定の業務上の裁量を有していることも多く，後述のとおり，かかる観点に鑑み過失相殺が行われる可能性もある（グルメ杵屋事件，住友電工ツールネット事件は，いずれも，店長ないし営業所長として業務軽減を行うことも可能であったとして，過失相殺によって賠償額を2割減額している）。したがって，管理監督者性に関する主張を検討することは，過失相殺の主張の検討にもつながりうる点で有益である。

　(d)　立証上のポイント

　いかなる労働時間管理の方法を採用していたかについては，訴訟当事者間に大きな争いはないのが通常であると思われる。しかし，自己申告制を採用している場合には，申告された労働時間と実際の労働時間の乖離の有無が適切にチェックされていたかが大きな問題になることが多い。この場合，使用者としては，チェックの方法や頻度が十分であったことを主張・立証する必要がある。この点に関する証拠としては，当該チェック体制に関するマニュアル，実際にチェックを行った際の記録，担当者の陳述書等を用いることが考えられる。

　また，タイムカード等により客観的に労働時間が記録されている場合であっても，実際の労働時間は打刻されている時間より短い（たとえば，業務開始よりも早く出社して打刻している，休憩時間以外にも喫煙等で休んでいる等）や，労働の過重性が低い（取引先の回答を待っているため，労働時間であってもほとんど何もしていない）といった主張をすることが考えられる。もっとも，こうした日常的な業務実態については，使用者としても詳細に確認しているわけではなく，周囲の者も，印象としては残っているものの，明確な記憶として

残っていないことも多く、立証のハードルは高い。

③　適切な労働条件の設定

労働時間、休憩時間、休日、休憩場所等の労働条件が適切に設定されていない場合には、業務によって生じる労働者の負荷は増大することになるから、使用者が安全配慮義務を果たしたというためには、適切な労働条件の設定がなされていることが必要である。

この点、前掲・京都地判平28・4・12労判1139号5頁（仁和寺事件）は、年間の休日が10日前後であり、ほとんどの月において140時間以上の時間外労働を行っていたという明白な業務過多の状況が1年以上にわたって継続していた事案において、使用者の安全配慮義務を肯定しているが、当該事案は、適切な労働時間、休日の設定がなされていなかった事案と見ることもできるように思われる。

労働条件の内容については、雇用契約書、就業規則のほか、シフト表・勤務スケジュール表、組織図等によって立証することが考えられる。また、労働時間や休日・休暇の取得状況等については、タイムカードの記録や時間外勤務命令簿等から明らかとなる。

④　健康確保措置

労働者の健康を確保するために会社が実施する各種施策も、安全配慮義務の判断にあたって重要となる。具体的には、健康診断の実施や、産業医による保健指導、ストレスチェックの実施、健康状態・メンタルヘルスに関する相談窓口の設置や、休日・休暇の付与等の健康確保措置を適切に行うことが、安全配慮義務の一環として求められる[77]。なお、健康診断等によって労働者の体調不良を把握した場合には、次項で述べるとおり、会社は、業務量の調整等の適切な措置を行う必要がある（竹屋ほか事件・津地判平29・1・30労判1160号72頁も、会社が健康診断を実施したというだけでは安全配慮義務を尽くしたものとはいえない旨判示している）。

たとえば、糸島市事件・福岡高判平28・11・10労判1151号5頁は、使用者に

---

[77]　なお、政府の働き方改革においては、インターバル制度（前日の終業時間から翌日の始業時間まで一定の時間を空けなければならないとする制度）についても検討が行われている。

おいてメンタルヘルスに関する相談窓口を設置していた事案において，使用者としては，心身の健康を損なっている労働者に対しては，同窓口での相談を受けることを勧めるべきであり，これにより労働者が自らの状態を客観的に認識することにより，自殺という最悪の結果を回避することも可能であった旨判示し，使用者の安全配慮義務違反を肯定している。

健康診断等の実施状況を立証するにあたっては，健康診断，産業医の保健指導，ストレスチェック等の診断結果を記載した文書等が有用な証拠となる。このほか，相談窓口等の存在および内容については，同窓口に関する社内への周知文書等によって立証することも考えられる。

⑤ 業務量の調整

(a) 概　　要

使用者（および上司）が，部下である労働者が過重労働により心身の健康を損なっていることを把握した場合には，業務量を調整することにより，当該労働者の負担を軽減することが重要となる。したがって，会社として受託する業務の量を一定程度制限したり，当該業務に追加で人員を投入し，または別の労働者に当該業務を割り当てたりすることにより，問題となる労働者の業務量を調整し，あるいは休暇を取得するよう指導する等の配慮を行っている場合には，当該配慮の実施状況について主張・立証する必要がある。

また，結果として業務量の調整がなされるに至っていない場合であっても，調整がなされていない理由が労働者側や第三者の事情による場合には，使用者として業務量の調整を行うことができなかったことについてやむを得ない事情があるとして，安全配慮義務違反が認められない可能性も存在する。たとえば，使用者として業務量の調整を行おうと試みたにもかかわらず労働者の側が拒否した場合，第三者の過失によって発生した突発的な事故等によって短期間のうちに業務過多の状況となり，死亡に至った場合等には，業務量の調整がなされていないことは使用者の過失によるものではないといいうるから，これらの事情を主張・立証することが考えられる。

(b) 裁　判　例

業務量の調整の必要性に言及している裁判例は多数存在する。たとえば，前掲・大阪地判平28・11・25労判1156号50頁（山元事件）は，労働者から個別の

申込みに基づき稼働する形態をとっていたアルバイト労働者につき，使用者は労働者の労働時間数およびその他の労働形態等（稼働する時間帯，現場ごとの作業時間等）を把握するとともに，労働時間数等において労働者に過度の負担をもたらすことのないよう調整するための措置を採るべき義務を負っていたものであり，具体的には，労働者による申込みの前においては労働時間数等を適切に調整するよう，また，申込みの後においても他の日時，時間帯に変更等するよう指導するなど，労働者の労働状況を適切なものとするための措置を採るべき義務を負っていたものというべきであると判示した。

また，前掲・京都地判平28・4・12労判1139号5頁（仁和寺事件）は，宗教法人である寺院が運営する宿泊，飲食施設に勤務していた料理長の過重労働に関し，使用者は，「調理の業務に従事する者に関する業務の実態を把握できる労務管理体制を整え，適切な指揮命令を通じて，調理の業務全体の絶対的な業務量を調整し，又は同業務に携わる人的体制を充実させるなど相対的な業務量を調整するなどして，原告の業務が過重なものにわたらないようにすべき義務を負っていた」と判示し，かかる業務量の調整等を何ら行っていなかったことにつき，使用者の安全配慮義務違反を認めている。なお，同事件では，使用者から，労働者が自らの判断で連続勤務を行っていた旨の主張がなされているが，裁判所は，使用者が業務量の調整等を行わなかったために必然的に過重労働を行わなければならない状況に陥っていたとして，使用者の上記主張を退けている。

(c) **立証上のポイント**

業務量の削減等を行っている場合には，当該削減を行った記録（社内メールや，社内文書，面談記録等）によって，かかる業務量の調整を行った事実を主張・立証することになる。また，休暇の取得や業務量の調整につき労働者に対して直接面談して指導を行っている場合には，かかる指導に関する面談記録が重要となるため，可能な限り，書面の形で面談記録等を作成しておくことが有用である。このような書面が存在しない場合には，関係者の陳述書または証言等によって指導内容を立証することになる。

また，業務量の調整がなされていないことにつき，やむを得ない事情がある場合には，かかる事情に関する資料（たとえば，何らかの突発的な事故によっ

て短期間のうちに過重労働が生じたような場合には，かかる事故に関する資料）や関係者の陳述書または証言によって，かかる事情が存在することについて立証することになる。

　⑥　救護義務

　過重労働によって労働者が疾病に罹患した場合，使用者としては，必要な救護措置を講じる義務（救護義務）を負う。

　たとえば，労働者のくも膜下出血による死亡が問題となった前掲・和歌山地判平17・4・12労判896号26頁（中の島（ホテル料理長）事件）は，「労働時間中に労働者が傷病を負った場合，使用者には，必要な救護措置を講じる義務があるというべきである。しかしながら，そこで具体的に要求される救護措置は，実際に救護措置に当たる一般人を前提としたものにならざるを得ないのであるから，一般人を基準として当該状況において必要と考えられ，かつ，応急手当や病院への搬送といったような一般人に可能な措置を講じることをもって足りると解される。」と救護義務の内容について判示した。そのうえで，同事件においては，周囲の者から死亡した労働者に重大な変調が生じていることがわかるような徴候があったわけでもないことを併せて考えれば，仮に，当該時点においてくも膜下出血を発症していたとしても，使用者において，この時点で，ただちに救急車の出動を要請して当該労働者を病院に搬送することを要求することは酷であるとして，救護義務違反を否定した。

　救護義務が問題となる場合，使用者として行った救護の内容については，その場に居合わせた者の陳述書または証言や救急搬送記録等によって立証することになる。

　⑦　予見可能性

　過重労働に起因して労働者が疾病に罹患した場合であっても，使用者が当該事実を認識・予見することが不可能であったといえる場合には，使用者に安全配慮義務違反は認められない。

　たとえば，東京高判平27・2・26労判1117号5頁（ティー・エム・イーほか事件）は，労働者のうつ病罹患について使用者が認識し，または認識することができたとまで認めることはできないとして，自殺の結果については使用者の責任を否定している。もっとも，同判決は，労働者の体調が十分でないという

事実については使用者も認識することができていた以上，労働者に対し，単に調子はどうかなどと抽象的に問うだけではなく，より具体的に，どこの病院に通院していて，どのような診断を受け，何か薬等を処方されて服用しているのか，その薬品名は何かなどを尋ねるなどして，不調の具体的な内容や程度等についてより詳細に把握し，必要があれば，産業医等の診察を受けさせるなどしたうえで，労働者の体調管理が適切に行われるよう配慮し，指導すべき義務があった，として，一定の限度で安全配慮義務違反を認めている[78]。予見可能性の立証にあたっては，当該労働者の日常の言動（たとえば，業務が過重であることについて不満を漏らしたり，体調不良であることをにおわせる発言，周囲から見ていて体調不良と思われる様子等）についての関係者の陳述または証言が重要な証拠となるが，そのほか，間接事実についての物証の収集も有用である。

(2) 因果関係の否定

前述のとおり，安全配慮義務違反等に基づく民事上の損害賠償請求訴訟においても，因果関係の判断にあたっては，過労死事案については脳・心臓疾患認定基準，過労自殺事案については精神障害認定基準に依拠して主張・立証および判断を行うことが一般的である。

したがって，因果関係に関する主張・立証上のポイントは，労働災害における業務起因性に関する主張・立証上のポイントと重なることとなる。その詳細については，第2章第2節6を参照されたい。

なお，前述のとおり，脳・心臓疾患認定基準および精神障害認定基準は，行政上の基準にすぎず，裁判所を法的に拘束するものではないため，労災認定がなされている事案において，使用者の損害賠償責任を否定した事案も存在する。

たとえば，前掲・前橋地高崎支判平28・5・19労判1141号5頁（ヤマダ電機

---

[78] このほかに予見可能性が問題となった裁判例としては，日本通運（大阪・自殺）事件・大阪地判平22・2・15判時2097号98頁，マツダ（うつ病自殺）事件・神戸地姫路支判平23・2・28労判1026号64頁，日本赤十字社（山梨赤十字病院）事件・甲府地判平24・10・2労判1064号52頁，立正佼成会（うつ病自殺）事件・東京高判平20・10・22労経速2023号7頁等が挙げられる。

事件）は，労災認定手続においてはうつ病自殺の業務起因性が認められていた事案において，労災医員意見書の証拠能力を否定し，そもそもうつ病を発症していたと認めるに足りる証拠は存在しないとして，業務と自殺の相当因果関係を否定している[79]。このように，精神障害の事案については，医学的な評価が分かれる場合も存在するため，使用者としても，精神障害の発症が疑わしい事情がある場合には，医学的な観点からの主張・立証を行うことも有益である。

また，労働時間数のみではなく，業務密度や業務量を考慮して，長時間労働の事実それだけでは労働者に対して過大な心理的負荷を与えるものであったとは認めることができないとした事案として，A庵経営者事件・福岡高判平29・1・18労判1156号71頁が挙げられる。同事件は，証拠上は恒常的に1カ月80時間前後の時間外労働を行っていた事案において，A庵の業務がそれ自体繁忙なものとはいえないことや長時間労働を必要とするほどの業務量もなかったことから，上記時間外労働には，就労をともなわずに労働者が任意かつ自発的にA庵に留まっていた時間が相当程度含まれていた旨推認し，労働時間それ自体のみでは過大な心理的負荷を生じさせるものではなかった旨判断している（もっとも，ハラスメント等によって強い心理的負荷を受けていた旨判断し，結論としては一定の範囲で使用者の責任を肯定している）。

(3) 損　　害

損害の発生およびその額については，労働者側が主張・立証責任を負っており，原告の出捐に関する領収証その他の証拠もまずは労働者側から提出されることになる。使用者としては，労働者が主張する損害に対し，必要性・相当性を欠く等の反論を行うことが主な訴訟活動となる。

たとえば，治療費その他の積極損害であれば，労働者の疾病の内容・程度に照らして当該出捐が医学的必要性を欠くものであることや，社会通念上相当性を欠くものである等の反論を行うことになる。

また，逸失利益等の消極損害については，算定の基礎となる基礎収入の額や

---

[79] 類似の判断をした事例として，佐川急便・羽田タートルサービス事件・仙台高判平22・12・8労経速2096号3頁が挙げられる。

労働能力喪失率、喪失期間等について反論を行うことになる。

　慰謝料については、前述のとおり、死亡や後遺障害発症に至るまでの勤務状況、後遺障害の程度、安全配慮義務の内容、労働者の年齢、家族関係、当該労働者が一家の支柱であったか、等の要素が考慮されることになるから、これらのうち自社に有利な事情があれば、当該事実を主張・立証することが有益である。

(4) 過失相殺
① 概　　要
　過失相殺は、損害の公平な分担の観点から、労働者側に過失が存在した場合に賠償額を減額するものであるから、労働者側の過失と評価できる事情がある場合には、いずれも過失相殺の対象とすることができるが、裁判例において頻繁に現れる要素としては、労働者の自己管理の不足、労働時間に関する裁量、私生活上の行動や生活習慣等が挙げられる。

② 労働時間の自己管理
　前述のとおり、労働者自身も、自己の健康について一定の管理・配慮を行うことが要請されているため、かかる自己管理がなされていない場合には、労働者の過失として過失相殺の対象となりうる。

　たとえば、前掲・福岡高判平28・11・10労判1151号5頁（糸島市事件）は、管理職であった労働者の自殺につき、当該労働者が管理職員であり、自らの裁量によって勤務時間を調整できる立場にあるとともに、部下に適宜仕事を割り振り、自らは部下職員を指揮監督することで担当公務の量を調整することができたし、そうすることが本来の公務の在り方であったにもかかわらず、自らの業務量を適正なものにするために、可能な業務を他の職員に割り振りするなどして勤務時間を管理していた形跡はなく、かえって業務を部下に任せるべきであるとの上司の提言や上司からのサポートの申出を断っていたことを理由として、自らの労働時間を適正に管理する意識が弱いとして、過失相殺により賠償額の8割を減額する判断を行っている。なお、同事案においては、使用者が設置したメンタルヘルス相談窓口を労働者が使用しなかったことも過失相殺を基礎付ける事情となっている。

上記のような労働者の自己管理については，自己管理していたかどうかを直接証明する証拠はほとんどないため，通常は間接事実によって立証するほかなく，関係者の陳述書または証言が重要となる。また，労働者に対して健康管理について指導を行う場合には，当該指導の内容等について記録の形に残しておくことが重要である。

③ 業務量・労働時間に関する裁量の有無・程度

労働者が自己の業務量や労働時間その他業務上の事項について裁量を有する者である場合，労働者側の過失を基礎付ける事情となりうる。

前掲・福岡高判平28・11・10労判1151号5頁（糸島市事件）も，管理職の自己管理に関する事案であるが，法的に管理監督者でないとしても，一定の業務上の裁量を有する場合には，過失相殺において考慮対象となる。前掲注64・大阪地判平21・12・21労判1003号16頁（グルメ杵屋事件）および前掲・千葉地松戸支判平26・8・29労判1113号32頁（住友電工ツールネット事件）は，いずれも，問題となった労働者が店長ないし営業所長であり，労働基準法上の管理監督者には該当しないとされたものの，業務軽減を求めることも可能であったとして，賠償額の2割を減額している。

業務上の裁量を有していたことを立証するためには，社内の職務権限や業務マニュアル，実際の業務権限に関する関係者の陳述書または証言等が有益な証拠となりうる。

また，類似する事案として，労働者側の個別の申込みによってその都度従事する業務が決定される形態をとっていたアルバイト労働者について，従事すべき作業のノルマというべきものは設定されておらず，基本的には，労働者側からの申込みがない限り，具体的な作業に従事する義務が発生するものではなかったこと等を理由に，労働者自身においても業務量を適正なものとし，休息や休日を十分に取ることにより疲労の回復に努めるべきであったとして，3割の過失相殺を行った事案として，前掲・大阪地判平28・11・25労判1156号50頁（山元事件）が挙げられる。このように，管理職に限らず，労働者自身が自己の業務量をコントロールできる事情が存在する場合には，かかる事情について主張・立証することも有益であると考えられる。

④ 私生活上の行動・生活習慣

労働者の私生活上の行動や生活習慣等によって労働者の疾病が悪化しているような事情がある場合には，かかる事情についても，過失相殺の対象となりうる[80]。

たとえば，フォーカスシステムズ事件・東京高判平24・3・22労判1051号40頁は，労働者が帰宅後就寝前にブログやゲームに時間を費やしたのは，自ら精神障害の要因となる睡眠不足を増長させたことになり，その落ち度は軽視できないとして，3割の過失相殺を認めている。

労働者の私生活上の行動については，使用者には必ずしも明らかでないことも多いが，同僚からのヒアリングや健康診断・産業医との面談・ストレスチェックでの労働者の回答等に基づいて主張・立証することになる。また，退社時間と帰宅時間に乖離がある場合等にも，その理由を検討することにより，労働者の私的行為が明らかになる場合もある。

(5) 素因減額

① 労働者の既往症

素因減額の主張にあたっては，まず，減額の事由となる労働者の基礎疾患を把握することが必要である。かかる基礎疾患の把握にあたってまず参考となるのは，会社が実施する定期健康診断の診断結果や労働安全衛生法に基づき会社が設置する産業医の意見書である。診断結果において，高血圧，高脂血症，肥満，糖尿病，飲酒習慣，喫煙習慣や特異な身体的特徴，精神的傾向の存在が判明する場合には，かかる素因が結果発生に寄与した旨を主張・立証することになる。

このほか，労働者の既往症についてより詳細な情報を入手し，健康診断結果に表れない既往症等を把握するためにも，労働者の掛かりつけの医師の診療録

---

80 なお，これらの事情が労働者側の過失とまで評価されない場合であっても，素因減額において考慮される可能性が存在する。裁判例においても，過失相殺および素因減額を明確に区別せず，一体的に判断している事例も見受けられる（市川エフエム放送事件・東京高判平28・4・27労判1158号147頁およびその原審である千葉地判平27・7・28労判1127号84頁等）。

を入手することも有用である。使用者としてかかる診療録を入手するためには，本人の同意を得て取得する必要があるが，訴訟に発展した段階では，文書送付嘱託や文書提出命令を利用することも考えられる。掛かりつけの医師が不明である場合には，会社の健康保険組合に対して文書送付嘱託や調査嘱託を行うことにより，診療報酬の支払先を調査することも検討に値する。なお，文書送付嘱託は強制力を有しないため，個人情報等の関係から回答を拒絶されることもある。

② 労働者の性格

労働者の性格を理由として素因減額を行うべきことを主張するためには，当該性格が，ある業務に従事する特定の労働者の性格が同種の業務に従事する労働者の個性の多様さとして通常想定される範囲を外れるものであることを主張・立証する必要がある（前掲・最判平12・3・24民集54巻3号1155頁（電通事件））。

かかる観点からは，労働者の普段の言動等を主張・立証することによって，素因減額の事由となりうる性格の存在を主張・立証することになるが，労働者の私生活上の言動は使用者に明らかでないのが通常であり，また，事案との関連性も薄いため，まずは，労働者の職場における言動が重要となる。

労働者の職場における言動を立証する証拠としては，労働者との面談記録・指導記録や，普段の言動を見聞きしている上司・同僚等の陳述書または証言等が考えられる。また，労働者が作成したメール等にも，労働者の性格を窺わせる記載が含まれていることがあるため，確認することが有益である（メールについては，一定期間経過後に削除されることもあるため，事前に保存しておく必要がある）。

(6) 損益相殺

労働者が過重労働によって疾病に罹患しまたは死亡したことと引き換えに労働者またはその遺族が受領している金銭等がある場合には，かかる事実を示す資料を証拠として提出することにより，損益相殺による賠償額の減額を得ることが可能である。

この点，労働者が任意に加入している保険等については使用者側で把握することが困難であることも多い（かかる保険等については，求釈明や当事者照会

の活用等も考えられるが，回答が得られない場合もある）。他方，福利厚生の一環として会社が保険費用の一部を負担しているような場合には，当該保険に関する資料を使用者も有していることになるから，当該資料を提出することが有益である。

9 役員・労働者の個人責任

(1) 概　　要

　過労死・過労自殺事案が発生した場合，会社の損害賠償責任とは別に，取締役その他役員や，死亡した労働者の上司等の個人責任が問題となる可能性も存在し，この場合にも，会社として一定の対応が必要になることがある。

　この場合，個人の責任追及の法律構成としてまず考えられるのは，民法709条（不法行為）である。過労自殺事案のリーディングケースである前掲・最判平12・3・24民集54巻3号1155頁（電通事件）も，民法715条に基づき会社の責任を認めており，その前提として，死亡した労働者の上司であった労働者個人の不法行為責任（民法709条）を認めているものと考えられる（なお，同事件では労働者個人は被告とされていない）。

　このほか，取締役その他役員については，会社法429条1項（役員等の第三者に対する損害賠償責任）を根拠とすることも考えられる。

(2) 裁 判 例

　役員の個人責任が問題となった近時の代表的な裁判例としては，以下のものが挙げられる。

　① 　大庄ほか事件・大阪高判平23・5・25労判1033号24頁

【事案の概要】
　Aは，居酒屋等を全国展開する被告Y₁社に新入社員として入社したが，入社から約4カ月後に急性左心機能不全により死亡した。
　Aの遺族であったXらは，Aの死亡の原因はY₁社における長時間労働であると主張し，Y₁社のほか，同社の代表取締役社長Y₂，専務取締役店舗

本部長兼第四支社長Y₃，取締役第一支社長Y₄，取締役管理本部長兼コンプライアンス統轄室長Y₅の個人4名についても，会社法429条1項に基づく責任を負うとして，損害賠償請求訴訟を提起した。
【判旨】
　裁判所は，「取締役は，会社に対する善管注意義務として，会社が使用者としての安全配慮義務に反して，労働者の生命，健康を損なう事態を招くことのないよう注意する義務を負い，これを懈怠して労働者に損害を与えた場合には会社法429条1項の責任を負うと解するのが相当である」として，取締役個人も，労働者の生命，健康を保護する義務を負い，これを懈怠した場合には，損害賠償責任を負うことがある旨判示した。
　そのうえで，Y₂ないしY₅は，現実に労働者の多数が長時間労働に従事していることを認識していたかあるいは極めて容易に認識しえた（Aの勤務実態についても容易に認識しうる立場であったとされている）にもかかわらず，Y₁社にこれを放置させ是正させるための措置を取らせていなかったとして，善管注意義務違反に基づくY₂ないしY₅個人の損害賠償責任を肯定した。

　Y₁社においては，80時間分の時間外労働手当・深夜勤務手当として一定額が「役割給」の名目で支給されていたところ，新卒採用時には，この役割給を含めた金額で初任給を表示しており，上記役割給の支給を受けるためには，一定の時間外労働等を行うことが前提であることは，入社後の研修まで労働者に周知されていなかった。裁判所は，かかる役割給の仕組みは，入社時に想定していた給与を得るために，80時間以上の時間外労働を行うよう労働者を誘導するものであると判断している。
　この裁判例では，役割給の仕組みがY₁社の責任を認める大きな理由の一つとなっているが，他方で，取締役個人の責任については，かかる役割給の仕組みのみではなく，Y₂ないしY₅がAの勤務実態について容易に把握できる立場にあったこと，人件費が営業費用の大きな部分を占める外食産業において，取締役が労働者の勤務実態に深い関心を寄せるのは当然のことであること等を理由として，労働者の生命・健康を保護するため過重労働を抑制する義務の違反

があったとの判断を行っている点が注目される。

　また，代表取締役であるY₂については，最判昭44・11・26民集23巻11号2150頁を引用し，自ら業務執行全般を担当する権限があるうえ，仮に過重労働の抑制等の事項については他の取締役に任せていたとしても，それによって自らの注意義務を免れることができない旨判断している。

② 　ネットワークインフォメーションセンター事件・
　　東京地判平28・3・16労判1136号109頁

【事案の概要】

　Aは，被告Y₁社に雇用されコールセンターの業務等に従事した後，Y₁社に在籍したまま，被告Y₂社のチョコレート販売事業に従事させる旨の人事異動の発令を受けた（当該人事異動の性質については当事者間で争いがあるが，判決は出向と判断している）。

　Aは，その後，被告ら所在地の建物の非常階段に索状物をかけて自ら縊死した。Aの遺族であった原告Xらは，Aの死亡は長時間労働によるものであると主張し，Y₁社，Y₂社，および両社の代表者であるY₃を被告として，損害賠償請求訴訟を提起した。

【判旨】

　裁判所は，Y₁社およびY₂社の双方がAに対して安全配慮義務を負うとしたうえで，Y₃は，出向先であるY₂社の代表者としては，Y₂社の指揮命令下にある出向労働者の労働時間，業務の状況および出向労働者の心身の健康状態を適切に把握して，労働時間が長時間に及ぶ等業務が過重であるときは，配置転換や人員体制を拡充する等の措置により，業務負担を軽減する措置をとる義務を負い，出向元であるY₁社の代表者としては，出向労働者の労働時間を把握しているY₁社の人事部に対し，出向労働者の労働時間について定期的に報告を求めたり，長時間労働をしている出向労働者がいるときは出向先代表者のY₃や出向先の副社長に知らせるよう指示したりすることで，出向先の代表者であるY₃や出向先の副社長において出向労働者が長時間の時間外労働をしていることを知りうるようにし，長時間労働をしている出向労働者がいるときに出向先代表者のY₃や出向

先の副社長においてその業務負担の軽減の措置をとることができる体制を整える義務があったとして，出向元・出向先の代表者であるY₃個人の損害賠償責任を肯定した。

上記事案で，被告らは，Aが長時間労働を行っていたのはA自身や被告以外の第三者のミス等によるものである旨主張していたが，裁判所は，「仮に，労働者自身の行為や第三者の行為によって，労働者が時間外労働を余儀なくされたとしても，使用者である被告会社ら及びその代表者であるY₃においては，労働者の労働時間を把握し長時間労働となっているときには当該労働者に適切な業務軽減措置を取る義務を負う」として，Y₃の義務違反を肯定した。

③　メディスコーポレーション事件・
　　前橋地判平22・10・29労判1024号61頁

【事案の概要】
　Aは，介護付有料老人ホームの運営等を業とするY₁社において財務経理部長等を務めていたところ，うつ病を発症し，自殺した。遺族であったXらは，Y₁社およびその代表取締役であったY₂を被告として，損害賠償請求訴訟を提起した。

【判旨】
　裁判所は，Y₁社については，Aの実際の業務の負担や職場環境などに配慮することなく，その状態を漫然と放置していたとして，その責任を肯定したが，以下のとおり，Y₁社の代表取締役であったY₂の責任を否定した。
　すなわち，Y₁社においては，代表取締役Y₂の下に副社長を配置し，その下に管理本部を含む6つの部署を配置しており，Aの直属の上司は当時Eであったことなどに照らせば，代表取締役である被告Y₂が被告会社の個々の労働者の労働時間および勤務状況を把握して，個々の労働者にとって長時間または過酷な労働とならないように配慮して個々の労働者の心身の健康を損なうことがないように注意する具体的義務まで負っていると解するのは困難である，として，Y₂の安全配慮義務違反を否定した。

本判決は，Y₁社の代表取締役であるY₂自身は直接労務管理を担当していなかったことを理由に，Y₂の責任を否定している。しかし，裁判例全体の傾向としては，前記①および②の裁判例のように，直接的には労務管理を担当していない役員についても，労務管理体制の整備を職責としている場合には責任を認めているものが多く，特に代表取締役については，会社の業務全般を統括していることを理由に，責任を肯定する傾向にあるように見受けられる。

したがって，本判決のように，労務管理を担当していないことを理由に責任を免れることは容易ではないように思われ，かかる主張を行う場合には，問題となる役員が，労務管理体制の整備に関する職責を負っていないことを，具体的事実に基づいて主張・立証することが必要不可欠であると考えられる。

次に，死亡した労働者の上司等の労働者の個人責任が問題となった代表的な裁判例としては，以下のものが存在する。

④　岡山貨物運送事件・仙台高判平26・6・27労判1100号26頁

【事案の概要】
　Aは，運送会社Y₁社に入社し，入社後約半年で自殺した。Aの遺族Xらは，Y₁社およびAの直属の上司であったY₂（営業所長）を被告として，損害賠償請求訴訟を提起した。

【判旨】
　第1審判決は，Y₁社の損害賠償責任を肯定しつつも，Y₂については，その権限の範囲内で期待される相応の行為は行っていたとして，その責任を否定した。

　これに対し，本判決は，Y₂が，出勤簿に実際の労働時間と異なり，勤務計画に合わせた出退時刻をAが記入するようになったことについて認識しながら，実情と異なる出勤簿の記載をそのまま前提として時間外労働時間を算出したこと等により，Y₂がY₁社に報告したAの時間外労働時間数が，実態と大きく異なっていたことを指摘した。

　そのうえで，Y₂には営業所の人員数や配置を決定する権限がなかったとしても，Y₂が，Y₁社に対し，Aの時間外労働時間が相当の長時間にわたっていることや，営業所における労働者の就労状況を正確に報告してい

たのであれば，Y_1社は，直近で行った増員措置にもかかわらず，同営業所における労働者の就労環境が十分に改善されていないことの認識を持ち，さらなる増員措置を取る等の相応の体制整備を検討した可能性はあったとして，Y_2の注意義務違反を認めた。

(3) 主張・立証上のポイント

　上記の裁判例の傾向に照らせば，過重労働事案においては，長時間労働に起因して脳・心臓疾患や精神障害（さらには過労死，過労自殺）という異常な結果が生じていることそれ自体が，監督責任を負う役員・労働者個人の義務違反を推認させる事情として大きく働いており，その責任を否定するのは容易ではないように思われる。

　会社としての安全配慮義務違反が認められた場合には，役員・労働者の個人責任を肯定する方向に働くことになるから，まずは，会社として安全配慮義務違反が認められないよう主張・立証を尽くすことが，個人責任を否定する観点からも有用である（その主張・立証上のポイントは，上記8を参照されたい）。

　そのうえで，会社として安全配慮義務違反が認められてしまうような場合に，役員・労働者個人に対する責任を否定するためには，①当該役員・労働者個人が，過重労働を行った労働者との関係においてどのような注意義務を負っていたかを分析し，注意義務の範囲・程度が限定されていた（あるいは注意義務を負っていなかった）ことを説得的に論じるとともに，②当該役員・労働者個人が労働者に対してどのような配慮を行っていたかを具体的に主張・立証することが重要である。

　上記①の観点からは，被告となった役員・労働者個人と過重労働を行った労働者の（職務上の）関係性，労働者の職務の性質，役員・労働者の職務分掌の内容（ただし，裁判例全体の傾向に照らすと，役員については，直接労務管理を担当していなかった場合であっても，責任を免れられない可能性が存在することに留意が必要である）等が重要となり，会社の組織図や業務フローを示す文書等が有用な証拠となる。

　次に，上記②の観点からは，会社として労働時間の管理を適切に行っていた

ことを主張・立証するとともに，長時間労働が生じた際に，残業削減に向けた指導・助言や業務負担の軽減を行ったことを主張・立証する必要がある。証拠としては，社内メールや面談記録等が重要となるため，長時間労働を行っている労働者に対して指導・助言等を行う場合には，意識的に証拠に残るような形を採用することが望ましい。

　なお，過労死・過労自殺といった結果について予見可能性がないとして争うことも可能であるが，会社が労働者の労働時間を適切に管理する義務を負っていることからすると，予見可能性を否定するためには，労働者の異常な行為によって過重労働が生じたことを具体的に主張・立証する必要がある。

第 3 章

ハラスメント

　労働関係訴訟の中で，ハラスメントの類型は近年増加の一途をたどっている。職場におけるハラスメントは，被害者に雇用上の不利益や就業環境の悪化をもたらし，被害者を肉体的・精神的に追い詰めるものであるため，被害労働者から加害労働者および使用者に対し，損害賠償請求や地位確認請求等が提起されることが多い。また，ハラスメントの相談を受けた使用者が，調査の結果，加害者を懲戒処分に処した場合に，当該処分が違法あるいは不当に重いとして懲戒処分無効を訴えられることもある。加えて，ハラスメント発生時の対応を誤ると，企業のレピュテーションをも大きく損ねかねない。
　本章では，ハラスメントの類型ごとに限界事例を含めて説明した上で，被害者および加害者からの訴訟への対応，ハラスメント発生時の対応について解説する。

第3章 ハラスメント

第1節

ハラスメント総論

　ハラスメントとは，直訳すれば「嫌がらせ，不愉快にさせること」を意味する。従前は，職場におけるハラスメントといえばセクシュアルハラスメント（性的嫌がらせ。以下「セクハラ」という），いわゆるセクハラ事件と呼ばれる類型が一般的であったが，近年では，性的なものに限られず，職場におけるパワーハラスメント（以下「パワハラ」という）や妊娠・出産，育児休業等を理由とした不利益取扱いや妊娠・出産，育児休業等に関するハラスメントといったマタニティハラスメント（以下「マタハラ」という）の問題も頻繁に取り上げられるようになっている。

　職場におけるハラスメントは，被害にあった労働者の職場環境を悪化させ，場合によっては甚大な精神的・肉体的苦痛を引き起こす。被害に遭った労働者は，名誉感情や人格権を著しく傷つけられたり，場合によってはうつ病などの精神疾患を患い就労が不可能になることもあり，使用者は，被害労働者から職場環境配慮義務違反に基づく不法行為責任・使用者責任や債務不履行責任を問われるリスクがある。

　また，職場におけるハラスメントが発覚した場合，使用者は調査を行い，必要に応じて加害労働者や，事案によっては加害労働者の上司等に対する懲戒処分を検討することになる。場合によっては，懲戒処分を契機として，加害労働者側も自主退職を余儀なくされることもあるが，懲戒処分内容をめぐって被処分者から訴訟を提起されたり，苦情申立てを受けたりするリスクも存在する。

　さらに，被害労働者がうつ病などのメンタルヘルスの問題を抱えた場合，欠勤や休職，ひいては自殺という重大な結果を招くリスクもあり，被害労働者自身や遺族に取り返しのつかない影響を及ぼすとともに，企業のレピュテーショ

ンにも深刻なダメージを与えるおそれがある。さらに，事案発生後，企業がその重大性を看過し対応を誤ると，当該対応そのものが不法行為となりうるほか，経営陣による不十分・不誠実な対応がさらなる社会的非難の対象ともなりかねない。

都道府県労働局雇用均等室[1]に寄せられた相談件数のなかでは，セクハラに関する相談が毎年40％以上（平成28年度からはセクハラと妊娠・出産等に関するハラスメントとに分類が分かれたが，両項目の合計が40％を超えている）と最も高い割合を占めており，また，婚姻，妊娠・出産等を理由とする不利益取扱いに関する相談件数も毎年15％～28％程度と高い割合で推移している。さらに，セクハラ・マタハラのみならずパワハラも含む「いじめ・嫌がらせ」全体で見ても，総合労働センターに寄せられる相談件数のなかでは，いじめ・嫌がらせに関する内容が5年連続で最も多く，助言・指導の申出事案のなかでも4年連続，あっせん申請のあった事案のなかでも3年連続で最多となっている[2]。

使用者としては，ハラスメントの防止のため，ハラスメント相談窓口を社内に設置するところも多いが，相談をすることで人事上の不利益や報復等を被ることを恐れ，あるいは純粋に相談しにくい雰囲気を感じて，社内では一切相談をしないまま，直接，弁護士や都道府県労働局雇用均等室等の外部機関に相談を持ち込むケースも非常に多い。したがって，たとえ使用者が設置した相談・苦情申立窓口や人事部等に相談が来ていなくても，その企業にハラスメントがないということはできない。

本章では，まず，各ハラスメント類型の内容について概説したうえで，職場におけるハラスメントの被害を主張する労働者から提起される訴訟における主張・立証方法につき検討し，併せて，ハラスメントを防止し，ひいては訴訟における使用者としての責任を回避し，あるいは軽減させるために必要な予防策についても説明する。

---

1 厚生労働省「平成27年度 都道府県労働局雇用均等室での法施行状況」および同「平成28年度 都道府県労働局雇用均等室での法施行状況」。
2 厚生労働省「平成28年度個別労働紛争解決制度の施行状況」。

第2節

セクシュアルハラスメント

1 定　義

　セクハラとは,「相手方の意に反する性的言動」と定義されることが多い[3]。男女雇用機会均等法11条1項等[4]においては,職場におけるセクハラは,以下のように規定されており,使用者には,被害を受けた労働者からの相談に応じ,適切に対応するために必要な体制の整備その他の雇用管理上必要な措置を講じる義務（措置義務）が課せられている。

> 男女雇用機会均等法11条1項（抜粋）
> 　職場において行われる性的な言動に対するその雇用する労働者の対応により当該労働者がその労働条件につき不利益を受け,又は当該性的な言動により当該労働者の就業環境が害されること

(1) 「職場において」とは
　労働者が業務を遂行する場所を意味し,労働者が通常就業している場所以外の場所であっても,労働者が業務を遂行する場所であれば,「職場」に含まれる。

---

[3] 人事院規則10-10第2条1号には,「他の者を不快にさせる職場における性的な言動及び職員が他の職員を不快にさせる職場外における性的な言動」と規定されている。

[4] 「事業主が職場における性的な言動に起因する問題に関して雇用管理上講ずべき措置についての指針」（平18・10・11厚生労働省告示615号,最終改正平28・8・2厚生労働省告示314号）も同様の定義である。

> 通常就業場所以外で「職場」に該当しうる例：
>   取引先，取引先と打合せをする飲食店，顧客の自宅，出張先，業務で使用する車中等

　また，業務時間外に業務場所以外の場所で行われた懇親会等であっても，職務との関連性，参加者，参加が任意か強制か等の点に照らして，実態として職務の延長と考えられる場合には，「職場」に該当しうる点に注意が必要である[5]。

　なお，本書は，大学等におけるセクハラやパワハラ，いわゆるアカデミックハラスメント（またはキャンパスハラスメント）を特に類型化して取り上げることはしないが，大学等に雇用され，あるいは助手・大学院生等の形で教授の業務を補助する者に対するハラスメントとの関係では，当然，大学等が「職場」ないし職場に準ずる場所となる。

(2) 「労働者」とは

　事業主が雇用する労働者のすべて，すなわち，正規労働者だけでなく，パートタイム労働者，契約社員などあらゆる形態の非正規労働者も対象となる。

　派遣労働者については，雇用主は派遣元事業主であることから，派遣元がセクハラ防止義務やセクハラ救済義務[6]に違反した場合，派遣元は債務不履行あるいは不法行為に基づく損害賠償責任を負うことになる[7]。他方，派遣先事業主

---

[5] 懇親会が営業所の職員全員で構成される互助会主催で行われ，営業日の勤務時間内に行われ，営業に関する慰労の目的であったことより，当該懇親会が使用者の業務の一部あるいは少なくとも業務に密接に関連する行為として行われたとして，当該懇親会におけるセクハラ行為につき使用者の責任が認められた例として，広島セクハラ（生命保険会社）事件・広島地判平19・3・13労判943号52頁がある。他にも，就業時間終了後ではあるものの，店舗の従業員全員が参加し，店長が費用を負担した懇親会での使用者責任を認めた裁判例として，東京セクハラ（T菓子店）事件・東京高判平20・9・10労判969号5頁等がある。

[6] 労働者派遣法31条は，派遣元事業主に，派遣就業が適正に行われるように必要な措置を講ずる等の配慮義務を規定している。

[7] 派遣元責任者が，被派遣者から派遣先でのセクハラ被害の申告を受けたにもかかわらず，何らの対応も行わなかったため，派遣元企業がセクハラ救済義務等の不履行責任を問われた事例として，東レエンタープライズ事件・大阪高判平25・12・20労判1090号

は本来，派遣労働者の雇用主ではないが，セクハラとの関係においては，派遣元のみならず派遣先事業主も，自ら雇用する労働者と同様にセクハラを防止するための措置を講ずる義務がある点に留意が必要である[8]。

(3) 「意に反する性的な言動」

　セクハラか否かの判断に際しては，被害労働者の「意に反して行われた」といえるかが争点になることが多い。たとえば恋愛関係にある労働者同士でキスしたり抱き合ったりしていたとしても，双方合意のうえで行われていれば，違法性は認められない。実際にも，被害労働者はセクハラと感じていたとしても，加害労働者は被害労働者と合意の下で行っていると受け止めており，セクハラであるという認識を全く持ち合わせていない事案はしばしば見られるし，加害労働者の懲戒処分に関する訴訟では，加害労働者から，「意に反していない」と反論されることも多い。

　もっとも，「意に反している」か否かについては，慎重な検討が必要となる。すなわち，L館事件・最判平27・2・26労判1109号5頁は，「職場におけるセクハラ行為については，被害者が内心でこれに著しい不快感や嫌悪感等を抱きながらも，職場の人間関係の悪化等を懸念して，加害者に対する抗議や抵抗ないし会社に対する被害の申告を差し控えたりちゅうちょしたりすることが少なくないと考えられる」と判示しており，セクハラ的言動に対する明白な拒否がなかったとしても，ただちにセクハラではないと判断することはできない[9]。したがって，表面上は嫌がる素振りを見せていなかったとしても，ただちにセクハラではないとはいえないことに注意する必要がある。ただ，他方で，被害労働者がセクハラと主張すれば何でも通るというわけではない（よく巷では「受け止めたほうが『セクハラ』と感じたらセクハラである」との説明がされることが多いが，誤りである）。この点，厚生労働省の行政解釈[10]上，以下のよう

　　21頁。
　8　労働者派遣法47条の2，男女雇用機会均等法11条1項。
　9　写真やメール，手紙等から，被害労働者と加害労働者が性交渉をともなう親密な交際関係にあったとして，被害労働者の主張するセクハラ的言動の事実を認めなかった裁判例として，イビデン建装元従業員ほか事件・岐阜地大垣支判平27・8・27労判1157号74頁。

に説明されている点にも留意が必要である。

> - 意に反する身体的接触によって強い精神的苦痛を被る場合には，原則として1回でも就業環境を害することとなりうる。
> - 継続性または繰り返しが要件となるものであっても，明確に抗議しているにもかかわらず放置された状態の場合または心身に重大な影響を受けていることが明らかな場合には，就業環境が害されている。
> - 「性的な言動」か否か，「就業環境が害される」か否かの判断にあたっては，被害を受けた労働者が女性（男性）であれば，「平均的な女性（男性）労働者の感じ方」を基準とすることが適当である。

① 強姦・強制わいせつ等犯罪に近い行動

職場におけるセクハラ事案のなかには，被害者の意に反して性的関係を強要する，いわば強姦や強制わいせつに近い類型のものも見受けられる。

具体例としては，以下のような事案がある。

(a) 大阪府知事セクハラ事件・大阪地判平11・12・13判タ1050号165頁

> 選挙運動中に運動員の女性に強制わいせつ行為に及んだうえ，被害女性が当該わいせつ行為を大阪地方検察庁に告訴したところ，これが事実無根であるとして被害女性を虚偽告訴罪で逆告訴する等して，同女性の名誉を毀損した事案。裁判所は，わいせつ行為による慰謝料，虚偽告訴に関する名誉毀損行為による慰謝料，第1回口頭弁論期日以降の記者会見等の名誉毀損行為による慰謝料等により合計1,100万円もの慰謝料の支払を認めた（この事案では，加害者に対し，刑事事件においても有罪判決が出ている）。

(b) 富士通エフサス事件・東京地判平22・12・27判タ1360号137頁

> 担当部長職にあった男性従業員が，会社の業務委託先から出張していた若年の女性従業員AおよびBを宿泊先のホテルまで送り，客室内に入って居座り，女性らと同じベッドに横になり，嫌がるAおよびBに対し，頭

---

10 「改正雇用の分野における男女の均等な機会及び待遇の確保等に関する法律の施行について」（平18・10・11雇児発1011002号・最終改正平28・8・2雇児発0802第1号）。

を撫でる，ほほや唇にキスをし口の中に舌や指を入れる，服の中に手を入れて腹や太ももを直接触る，下着の中にまで手を入れようとする，直接乳首を触る等のわいせつ行為を行った事案。裁判所は，男性従業員に対する懲戒解雇を有効と判断しただけでなく，懲戒解雇の無効を主張して訴訟を提起した男性従業員に対し，「本訴は，本件懲戒解雇が合理性を有し雇用契約に基づく権利が事実的，法律的根拠を欠くことを知りながら，あるいは通常人であれば容易にそのことを知り得たにもかかわらずあえて訴えを提起した場合に当たる。」として，当該男性従業員の使用者に対する不法行為に基づく損害賠償請求を棄却し，他方で，使用者が当該男性従業員に対して提起した不法行為に基づく反訴請求については，その一部を認めた。

(c) M社（セクハラ）事件・東京高判平24・8・29労判1060号22頁

代表取締役であった男性が，女性従業員（翌年4月に同社に入社することが内定していた大学4年生であり，同社の人事担当者から，同年11月の店舗オープンに備えてアルバイトとして働くことを勧められ，在学中でありながら翌年入社予定のアルバイトとして勤務していた女性）の自宅を深夜訪問し，性行為を強要した事案。裁判所は，代表取締役だった男性の不法行為責任を認め，また使用者については，職場環境の整備義務に違反し，また研修等による周知も不徹底であったことから，使用者責任だけでなく，使用者自身の不法行為責任も認めた。

(d) 横浜セクシュアルハラスメント事件・
東京高判平9・11・20労判728号12頁

営業所の所長が，女性従業員に対し，事務所で2人きりのときに抱きつき，首や唇にキスをし，服の上から胸や下腹部を触ったり腰を相手の体に密着させ上下に動かす等の行為を行った結果，当該女性従業員が退職を余儀なくされた事案につき，所長の不法行為責任が認められた。

上記のような犯罪行為，あるいは犯罪行為に近い，意に反する性行為・強制

わいせつ行為の場合，加害者が法的責任を免れることは困難であり，かつ，その責任の程度は非常に重くなる傾向にある。また，当該性行為・わいせつ行為が，職務とは全く関係なく行われたことを立証できない限り（職務上の地位の上下関係等がある場合，かかる立証は非常にハードルが高い），加害者の使用者も同様に損害賠償責任を負う可能性が高く，その損害額も高額になる可能性がある。

② 強姦・強制わいせつに至らない程度の身体的接触

次に，強姦や強制わいせつには至らない程度の身体的接触の類型がある。

(a) 前掲・東京高判平9・11・20労判728号12頁
（横浜セクシュアルハラスメント事件）

> 女性社員の肩を叩いたり揉む，腰を痛めた女性社員に対し，よくなってきたかといいながら腰を触る，髪を撫でたりすいたりする，肩を抱き寄せる等した事案。

(b) 大阪セクハラ（S運送会社）事件・
大阪地判平10・12・21労判756号26頁

> 歓迎会後のカラオケで，女性社員に隣に着席するよう命令し，突然当該女性をソファーに押し倒し，乗りかかって顔を近づけ，顔を覆った女性の手の甲や額にキスをしたり，ジャケットやスカートをめくろうとした事案。

強姦や強制わいせつ行為には該当しない以上，前記①よりは慰謝料の額や責任の程度は低いといえるが，それでも不必要な身体的接触を被害者の意に反して行っている以上，加害者および加害者の使用者が責任を免れることは難しい。

③ 意に反する性的発言等

身体的接触をともなわない，発言によるセクハラの事案も非常に多い。具体例としては，以下のようなケースが挙げられる。

(a) 福岡セクシュアルハラスメント事件・
福岡地判平4・4・16労判607号6頁

> 女性社員の異性関係等について，編集長が会社内外において，女性社員の異性関係について非難する発言等をした事案。

(b) 和歌山セクハラ（青果卸売業）事件・和歌山地判平10・3・11判タ988号239頁

> 女性社員に対し，「おばん」「ばばあ，くそばば」「生理のあがったおばん」「○○（女性性器名）に蜘蛛の巣の張ったおばん」等と呼んだ事案。

(c) 千葉地松戸支判平12・8・10判タ1102号216頁

> 男性市議会議員が女性市議会議員に対し，「男いらずの○○さん」と呼びかけ，活動報告紙の当該女性議員の氏名のうえに「オトコいらず」とルビを振って配布した事案。

(d) A製薬（セクハラ解雇）事件・東京地判平12・8・29労判794号77頁

> 部下の女性社員や派遣社員らに対し，たびたび「食事に行こう」「デートしよう」と誘う，うち1名に「貴方を抱きたい」といったメールを送る，業務にかこつけて2名の女性社員と個人面談を行い，「6年半もアプローチしているのに冷たいね」などと述べて交際を迫るなどした事案。

こうした発言等によるセクハラは，一つひとつは大きな問題とならないことが多いものの，同様の言動が繰り返されることによって，被害労働者が堪えられなくなり，紛争に発展するケースが多い。こうした場合においても，加害労働者はもとより，使用者も責任を負うことになるのは①と②と同様である。

2 職場におけるセクハラの内容

男女雇用機会均等法11条1項および厚生労働省の「事業主が職場における性的な言動に起因する問題に関して雇用管理上講ずべき措置についての指針」（平18・10・11厚生労働省告示615号，最終改正平28・8・2厚生労働省告示314号。以下「セクハラ指針」という）によれば，職場におけるセクハラは以下の2つの類型に分類される。

> (i) 対　価　型
> 　職場における性的な言動に対する労働者の対応により，当該労働者が解雇，配転や労働条件につき不利益を受けるもの
> 　《例》性的関係を迫り，拒否すると不当な解雇や配転，降格を受ける。
> 　　　　胸などを触られたため，社内苦情申立て窓口に相談したところ，不当に残業を増やされるなど。
> (ii) 環　境　型
> 　職場における性的な言動により労働者の就業環境が害されるもの
> 　《例》上司が労働者の腰や胸をたびたび触るため，（これを拒否しても不当な解雇や配転を受けるといった不利益はないものの）労働者が精神的苦痛を感じ，就業意欲が低下する[11]。
> 　　　　男性社員が女性のヌードポスターを職場に掲示し，周囲の社員が不快感を覚える。
> 　　　　性的な情報を流布され就業意欲が低下するなど。

　他方で，一口にセクハラといってもその概念は広く，その態様はさまざまなものがあるし，類型も截然と割り切れるものでもない。熊本セクハラ（教会・幼稚園）事件・神戸地尼崎支判平15・10・7労判860号89頁は，上司である牧師から，ラブホテル街を通る道に2人で連れて行かれる，「抱きたいと思った子しか雇わない」といった卑猥な話を聞かされる，腕をからませる等の身体的接触などがあった事案であるが，裁判所は，上記の環境型・対価型という類型化は採用せず，「一連の事実経過を前提に民事上違法と評価すべき範囲を社会

---

[11] 裁判所が「環境型セクシュアルハラスメント」であると認定した事例としては，看護士として勤務する女性2名に対し，男性上司が，勤務中に臀部を触ったり卑猥な言葉を発したりしたほか，深夜の休憩時間に休憩室で女性らの下半身に触る等の行為を繰り返した事案（三重セクシュアルハラスメント（厚生農協連合会）事件・津地判平9・11・5労判729号54頁），市役所職員が，歓送迎会や暑気払いの集まりで，係長から，「結婚しろ」「子供を産め」「結婚しなくてもいいから子供を産め」などといわれたり，直属の上司宅でのバーベキューの際も係長から自分の膝に座るよう指示されたり，「不倫しよう」「色っぽい」などといわれた事案（A市職員（セクハラ損害賠償）事件・横浜地判平16・7・8労判880号123頁）などがある。

通念によって画していくほかな」い，「各個の行為が，暴行脅迫を伴う性的関係の強要にまで至るものか，接触の場合，加害者と被害者の接触部位，態様，程度，状況がいかなるものか，言動の場合，内容，文脈，告知の状況がいかなるものかという各行為の外形，これらの行為の継続性・反復性，加害者と被害者の社会的地位・関係，被害者が具体的に置かれた状況，加害者への意図，被害者の被った不快感の程度，被害者の職務等に与えた影響，各行為の応対の仕方により被害者が被った不利益等の諸般の事情を総合考慮し，雇用関係等の継続的な関係を背景として生じるセクハラ行為については，個別の行為を分断して評価すべき特段の事情のない限り，一連の経過を全体として捉えて考察するのが相当」と判示している。したがって，セクハラの問題をとらえるためには，対価型・環境型といった区分けにとらわれるのではなく，事実関係を客観的に把握し，個々の行為に対してハラスメントに該当するか否かを評価することが重要である。

3 セクハラの加害者と被害者

ここで注意が必要なのは，従前典型的と考えられていた「男性が女性に対して行う」セクハラだけではなく，女性が男性に対して行うものや，同性に対して行われるものも広く含まれる点である[12]。さらに，平成29年1月施行のセクハラ指針改正により，LGBT（レズビアン・ゲイ・バイセクシャル・トランスジェンダー等の性的マイノリティ）に対する職場におけるセクハラも，セクハラ指針の対象となる旨が明記され[13]，従前，対応が遅れているとされてきたLGBTに対するセクハラについても，企業は対策を講ずる必要があることが明確化されている。

---

12 男性労働者が女性管理職にセクハラされたと主張した裁判例として，日本郵政公社（近畿郵便局）事件・大阪高判平17・6・7労判908号72頁。
13 セクハラ指針の2(1)に，「被害を受けた者の性的指向又は性自認にかかわらず，当該者に対する職場におけるセクシュアルハラスメントも，本指針の対象となる」旨が明記された。

【女性から男性，あるいは同性によるセクハラの例】

> 例1：女性上司が男性部下に対し性的アプローチをかけ，これを拒否されると不当な評価を下す。
> 例2：女性社員が同僚女性社員の性的な噂を流布し，あるいは男性社員が同僚男性社員についてバイセクシャルらしいと噂を流布し，噂を流された社員が出勤しにくくなる。

　また，行為者は事業主，上司や同僚，部下に限られず，取引先，顧客，患者や学校における生徒等，社外の者である場合もある[14]。前述した大学等におけるセクハラの場合は，加害者が指導教授等，助手や大学院生，学生に対して一定の力を有する者であるケースが多い。

　使用者が社員から取引先等によるハラスメントの相談を受けた場合には，速やかに取引先等に調査および再発防止，該当者への注意等を申し入れるとともに，被害に遭った社員を当該取引先の担当から別の担当へ変更する等の措置を講ずる必要がある。特に，取引先や顧客との関係では，被害に遭った社員は顧客を失う不安からなかなか被害を申告できない可能性も大いにあることから，社内のハラスメント研修等で，加害者が社外の者であっても必ず相談窓口や人事部に相談するよう日ごろから呼びかける等の対策も重要と考えられる。

14　業務委託先に派遣されていた派遣社員に対するセクハラを理由に行われた懲戒解雇が有効と判断された裁判例として，前掲・東京地判平22・12・27（富士通エフサス事件）。

第3節

パワーハラスメント

1　定　義

　パワハラとは，職場におけるいじめや嫌がらせのことである。厚生労働省によれば，「同じ職場で働く者に対して，職務上の地位や人間関係などの職場内の優位性を背景に，業務の適正な範囲を超えて，精神的・身体的苦痛を与える又は職場環境を悪化させる行為」のことであると定義される[15]。前述したとおり，パワハラは，年々問題が表面化し，トラブルになる件数も増加傾向にある。平成30年3月に公表された厚生労働省の「職場のパワーハラスメント防止対策についての検討会報告書」（以下「パワハラ報告書」という）によれば，都道府県労働局における職場のいじめ・嫌がらせに関する相談は，平成24年度以降，すべての相談のなかでトップとなり，平成28年度は，全相談件数の22.8％に上っている。

(1)　職場内の優位性

　「職場内の優位性」とは，「職務上の地位」に限らず，人間関係や専門知識，経験等，さまざまな優位性を含む。

　パワハラというと，多くの人は上司から部下へのいじめや嫌がらせを想定するが，上記の職場内の優位性が背景にある限り，先輩・後輩間や同僚間，部下から上司に対して行われるものも含まれる。具体的には，以下のような例が挙

---

[15] 同様の定義を採用した裁判例として，富士通関西システムズ事件・大阪地判平24・3・30労判1093号82頁がある。

げられる[16]。

> - 職務上の地位が上位の者による行為
> - 同僚または部下による行為で，当該行為を行う者が業務上必要な知識や豊富な経験を有しており，当該者の協力を得なければ業務の円滑な遂行を行うことが困難であるもの
> - 同僚または部下からの集団による行為で，これに抵抗または拒絶することが困難であるもの[17]

(2) 業務の適正な範囲

　業務上の適正な範囲内で行われる指示や注意，指導については，たとえ受け手の側がこれに不満を覚えたとしても，パワハラには該当しない。そもそも上司が「パワー」を有しているのは，部下を指揮命令するためであり，適正な範囲で「パワー」を行使することは，むしろ上司の責務である。使用者のパワハラ対策は，上司がその職位・職能に応じて権限を発揮し，業務上必要な指揮監督や教育指導を行う役割までをも否定するものではないのである。

　ただし，後述するとおり，業務上の指示・指導も，必要な程度を超えれば，パワハラに該当することから，業務の適正な範囲はどこまでであるのかが重要である。しかし，実務上は，叱責の対象となる被害労働者の行為の問題性にもよるため，一律の明確な基準を設けることは困難である。この点，前掲・パワハラ報告書では，「業務の適正な範囲を超えて行われること」とは「社会通念に照らし，当該行為が明らかに業務上の必要性がない，又はその態様が相当でないものであること」を意味するとして，以下のような行為が該当するとしている。

16　前掲・パワハラ報告書参照。
17　同僚女性らから集団で長期にわたり，陰湿で常軌を逸したいじめや嫌がらせを受けた女性社員が精神障害に罹患し，労災保険法上の療養補償給付を請求したところ，同給付の不支給処分を受けたため，処分の取消しを求めた事案として，国・京都下労基署長（富士通）事件・大阪地判平22・6・23労判1019号75頁がある。

- 業務上明らかに必要性のない行為[18]
- 業務の目的を大きく逸脱した行為[19]
- 業務を遂行するための手段として不適当な行為
- 当該行為の回数，行為者の数等，その態様や手段が社会通念に照らして許容される範囲を超える行為

しかし，こうした例をもってしても，まだ具体的とはいい難く，結局は，以下で述べる類型を参照しながら，ケースバイケースで検討することになろう。

(3) 身体的もしくは精神的な苦痛を与えることまたは就業環境を害すること

パワハラと認定されるためには，身体的・精神的な苦痛の発生や就業環境の悪化といった「結果」が必要になるが，「苦痛を受けた」か否か，「就業環境が害された」か否かは，人によって評価がまちまちであるため，その判断においては，一定の客観性が必要であると考えられる。つまり，セクハラと同様，加害者がパワハラと考えていなくてもパワハラに該当することはあるし，他方で被害者がパワハラと主張したからといって，何でもパワハラになるわけではない。この点，前掲・パワハラ報告書では，「平均的な労働者の感じ方」を基準として判断することを提案しており，以下のような例を挙げている[20]。

---

18 例として，従業員の研修会に際して，原告に対し，その意に反して特定のコスチュームを着用して研修に参加するよう強要する行為（K化粧品販売事件・大分地判平25・2・20労経速2181号3頁）。
19 例として，路線バスを駐車車両に接触させた事故につき，運転士に過失がなかったにもかかわらず，期限を定めず，連続した出勤日に炎天下における構内除草作業のみを選択して，病気になっても仕方がないとの認識の下，これに従事させた行為（神奈川中央交通（大和営業所）事件・横浜地判平11・9・21労判771号32頁）。
20 もっとも，前掲・パワハラ報告書では，「平均的な労働者の感じ方」自体が，業種や業態によって異なることもあるとも指摘しており（つまりどの企業にも同じ基準が該当するとは限らない），注意する必要がある。

- 暴力により傷害を負わせる行為
- 著しい暴言を吐く等により，人格を否定する行為
- 何度も大声で怒鳴る，厳しい叱責を執拗に繰り返す等により，恐怖を感じさせる行為
- 長期にわたる無視や能力に見合わない仕事の付与等により，就業意欲を低下させる行為

2　パワハラの6類型

　パワハラについては，セクハラおよび後述するマタハラと異なり，事業主に具体的な措置を義務付けた法律は存在しないものの，近年，この事象が労働問題の一つとして大きく取り上げられ，政府は「職場のいじめ・嫌がらせ問題に関する円卓会議」を開催し，平成24年3月に，「職場のパワーハラスメントの予防・解決に向けた提言」を取りまとめている。

　上記提言によれば，職場のパワハラにまつわる裁判例や個別労働関係紛争処理事案には次の6つの類型がある。そして，前掲・パワハラ報告書も上記提言で提示された6類型を踏襲しつつ，前記1(1)(2)および(3)の要素を踏まえ，各類型の該当例・非該当例を示している。

(i)　身体的な攻撃
　該当例　：殴る，蹴る，物を投げつける等
　非該当例：業務上関係のない単に同じ企業の同僚間の喧嘩（前記1(1)(2)に該当しない）
(ii)　精神的な攻撃（脅迫・名誉毀損・侮辱・ひどい暴言）
　該当例　：同僚たちの目の前で怒鳴る，業務上の注意を超えて人格を否定するような攻撃をする（ばか，のろま，無能などの言葉を使う），不必要に長時間叱る，教育訓練の名目で懲罰的に規則の書き写しをひたすら行わせる等
　非該当例：遅刻や服装の乱れなど社会的ルールやマナーを欠いた言動・

行動に対し，再三注意してもそれが改善されない部下に対して上司が強く注意する（前記①(2)(3)に該当しない）
(iii) 人間関係からの切り離し（隔離・仲間外し，無視）
該当例　：仕事から外す，1人だけ個室に移す，強制的に自宅待機（自宅研修）にする[21]，送別会に出席させない（1人だけ呼ばれない）等
非該当例：新入社員を育成するため，短期間集中的に個室で研修等の教育を実施する（前記①(2)に該当しない）
(iv) 過大な要求（業務上明らかに不要なことや遂行不可能なことの強制，仕事の妨害）
該当例　：新人に仕事を大量に押し付けて締切りを区切り，誰も指導をせずに周りの者は帰宅してしまう，些細なミスに対し見せしめ的に雑務を大量に与える等
非該当例：社員を育成するために，現状より少しレベルの高い業務を任せる（前記①(2)に該当しない）
(v) 過小な要求（業務上の合理性なく，能力や経験とかけ離れた程度の低い仕事を命じることや仕事を与えないこと）
該当例　：運転手なのに，庭の草むしりだけを命じられる[22]，事務職なのに倉庫の片付け業務だけを命じられる，上司が管理職である部下を退職させるため，誰でも遂行可能な業務を行わせる[23]等
非該当例：経営上の理由により，一時的に能力に見合わない簡易な業務に就かせる（前記①(2)に該当しない）
(vi) 個の侵害（私的なことに過度に立ち入ること）
該当例　：交際相手について執拗に尋ねる，妻の悪口をいう，業務上の必要もないのに管理職が携帯電話やロッカーの私物などを覗き見る，思想・信条を理由に集団で同僚1人に対して監視したり，他の社員と接触しないよう働きかけたり，私物の写真撮影をしたりする[24]等
非該当例：社員への配慮を目的に，家族の状況等についてヒアリングする（前記①(2)(3)に該当しない）

(1) 業務指導の範囲と暴言

上記の類型のなかには，意図的に行われるものもある一方で，特に(ii)の類型のうち暴言については，部下への熱心な指導が度を越して暴言や過剰な表現につながってしまったケースなども考えられる。

暴言のなかでも，明らかに業務指導の域を超えており，部下の人格を否定し侮辱する域にまで達しているものについては，不法行為に該当することは比較的明らかである[25]。

過去の裁判例においては，派遣労働者が派遣先従業員らからパワハラ（「命令違反ちゃうの」との発言，わざと生産効率を落とすようにとの指示，「殺すぞ」「あほ」との発言等）を受け就労を辞めざるを得なくなったと主張した事案で，「労務遂行上の指導・監督の場面において，監督者が監督を受ける者を

---

21 松蔭学園教諭自宅研修等損害賠償事件・東京高判平5・11・12判タ849号206頁では，他の教諭とのトラブルを防ぐため等と称して，教諭を校務分掌の一切から除外し，さらに，2年後には席を職員室内の出入り口付近に一人だけ移動させ，さらにその翌年には第三職員室という物置として利用された部屋に隔離し，最終的には自宅研修を命じた事案につき，いずれも業務命令権の濫用として違法，無効であるとした。

22 前掲注19・横浜地判平11・9・21（神奈川中央交通（大和営業所）事件）では，路線バスの運転士が駐車車両にバスを接触させたため，下車勤務として約1カ月の営業所構内除草作業を命じられ（業務命令①），乗車勤務復帰後も1カ月以上の添乗指導を受けさせられた（業務命令②）事案で，上記接触事故に関しては当該運転士に全く過失がなかったことも踏まえ，過酷な炎天下での除草作業を命じた業務命令①については，人権侵害の程度が非常に大きく，安全運転を行わせるという下車勤務の目的からも大きく逸脱しており，恣意的な懲罰の色彩が強く不適当であるとして，違法と判断した。他方，業務命令②については，（通常の添乗指導の期間より長かったものの）目的・手段に照らし適切であると判示した。

23 バンク・オブ・アメリカ・イリノイ事件・東京地判平7・12・4労判685号17頁では，管理職であった原告をいったん降格した後，さらに総務課（受付）に配転した行為につき，受付業務はそれまで20代前半の女性が担当していた業務であり，勤続33年に及び，課長まで経験した原告にふさわしい職務であるとは到底いえず，原告が著しく名誉・自尊心を傷つけられたであろうことは推測に難くないとした。

24 関西電力事件・最判平7・9・5労判680号28頁は，被上告人らが共産党員またはその同調者であることのみを理由として，職制等を通じて監視，尾行させ，職場で孤立させ，私物を撮影したりする行為について，職場における自由な人間関係を形成する自由を不当に侵害するとともに，その名誉を毀損し，あるいはプライバシーを侵害するものであり，人格権を侵害する不法行為と認めた原審を維持した。

叱責し，あるいは指示等を行う際には，労務遂行の適切さを期する目的において適切な言辞を選んでしなければならないのは当然の注意義務である」とされ，また，「監督者が労務遂行上の指導・監督を行うに当たっては，そのような言辞をもってする指導が当該監督を受ける者との人間関係や当人の理解力等も勘案して，適切に指導の目的を達しその真意を伝えているかどうかを注意すべき義務がある」と判示した[26]。

また，常に市民のため，高い水準の仕事を熱心に行うことをモットーとし，実際，自ら努力と勉強を怠ることなく，大変に仕事熱心であった公務員が，部下への指導において，人前で大声を出して感情的，高圧的かつ攻撃的に部下を叱責するなどし，部下の個性や能力に対する配慮も少なく，叱責後のフォローもしなかったところ，新たに配属された部下の1人がうつ病を発症し，その後自殺したことにつき，裁判所は典型的なパワハラに該当すると判断している[27]。同判決は，パワハラの成否は，「行為者が主観的に善意であったかどうかにかかわらない」と判示しており，意図的なものでなかったとしても，熱心な指導

---

[25] ヴィナリウス事件・東京地判平21・1・16労判988号91頁では，以下の発言が問題となり，いずれもパワハラであると認定されている。
- 他の従業員の前で「ばかやろう」と罵る。
- 別室に呼び出し「三浪してD大に入ったにもかかわらず，そんなことしかできないのか。」「結局，大学出ても何にもならないんだな」と罵倒したり，「お前はこれだけしか仕事ができないのか」などと30分近くに及び叱責する。
- 仕事中の居眠りの理由につき，薬を飲んでいるせいかもしれないと答えた原告に対し，「お前はちょっと異常だから，医者にでも行ってみてもらってこい」と述べる。
- 診断書を提出した原告に対し，「うつ病みたいな辛気くさいやつは，うちの会社にはいらん。うちの会社は明るいことをモットーにしている会社なので，そんな辛気くさいやつはいらないし，お前が採用されたことによって，採用されなかった人間というのも発生しているんだ」などと述べる。

[26] アークレイファクトリー事件・大阪高判平25・10・9労判1083号24頁。とりわけ，「殺すぞ」との言葉については，仮に「いい加減にしろ」という意味で叱責するものであったとしても，労務遂行上の指導を行う際に用いる言葉としては，いかにも唐突で逸脱した言辞というほかなく，特段の緊急性や重大性を伝えるという場合のほかは，そのような極端な言辞を浴びせられることにつき，業務として日常的に被監督者が受忍を強いられるいわれはないと判示している。

[27] 地公災基金愛知県支部長（A市役所職員・うつ病自殺）事件・名古屋高判平22・5・21労判1013号102頁。

が度を越した場合には，パワハラと認定されることを端的に示している。

　もっとも，上記①(2)で述べたとおり，業務の適正な範囲内の指導・叱責であれば，パワハラには該当しない。たとえば，前掲注15・大阪地判平24・3・30労判1093号82頁（富士通関西システムズ事件）では，原告が問題とした上司の発言のすべてにつき，パワハラ該当性が否定されたが，その詳細と理由は以下のとおりである。

- 「甲野さん，自分の仕事しないでどうして会議に出たんや。自分の仕事あるやろ。」との上司の発言：
　　上司は，普段からスケジュール調整が悪く，納期を遅延することが多いと評価していた原告が，当初予定のなかったワークアウト委員会に出席したため，その後スケジュール調整ができているのか確認する趣旨で上記発言をしたものであり，これは業務上の指導・助言として何ら問題なく不法行為には該当しない。
- 「甲野さんは業務ワークアウトのとき，絵を描いていて何もしていないらしいけど，ほかの職員から文句をいわれているのをわかっているのか。」との発言：
　　他の職員から当該上司に対し，原告に関してその旨の苦情・報告があったことから，原告に指摘したにすぎず，パワハラには該当しない。
- 原告の残業申請に対し，「今日中にせなあかん仕事でないやろ。優先順位も付けられないで（仕事）やってるのか」と発言：
　　仕事の進め方に対する指導・叱責であり，パワハラには該当しない。

　このように，一括りに「暴言」といっても，正当な業務指導の範囲内のものから，明らかに業務指導の適正な範囲を超えて人格否定と評価できるものまで程度はさまざまである。たとえ，指導をしている本人としては人格攻撃等を行う意図はなく，単に熱心な指導が行きすぎた結果であったとしても，労務遂行上の指導を行う際に用いる言葉としてはいかにも唐突で逸脱した言辞を用いている場合などは，パワハラに該当すると評価されることに留意が必要である。

(2) 教育・指導的見地との関係

　上記（109頁～）の6類型のうち，(i)，(iii)，(vi)および(ii)のうち明らかな脅迫や名誉毀損，侮辱は，業務と無関係な行動・発言をもって注意指導を行うものであり，その内容からパワハラか否かの判断は比較的容易である[28]。これに対し，(iv)と(v)および(ii)のうち暴言は，本人の捉え方により評価が変わりうるうえ，業務上の適正な指導との線引きが難しい。労働者の業務遂行能力が客観的に見て低いため，教育的配慮から与える業務のレベルを下げたところ，過小な要求であるといわれることもあるし，逆に，労働者の成長への期待を込めて業務量や要求される業務の水準・レベルを上げたところ，過大要求であり，そのように要求されたことができない場合に強く叱責することがパワハラであると主張されるリスクも存在する。

　この点，営業所長就任直後から業績に関する虚偽報告を行うための不正経理を継続して行っていた労働者が，不正経理の解消ができず，また指示されていた工事日報の作成を怠っていたことについて上司から厳しく叱責を受け，その後，うつ病を発症して自殺した事案において，第1審判決[29]では叱責の程度（他の社員が端から見て明らかに落ち込んだ様子を見せるまで叱責する，「会社を辞めれば済むと思っているのかもしれないが，辞めても楽にならない」旨述べる等）に鑑み，不正経理の改善や工事日報につき指導すること自体が正当な業務の範囲内に入ることを考慮しても，社会通念上許される業務上の指導の範疇を超えるものと評価せざるを得ないとし，これを過剰なノルマ達成の強要あるいは執拗な叱責として違法であると評価した。

　しかし，同事件の控訴審判決[30]は，架空出来高の計上等の是正を図るよう上司が指示した後も1年以上においてその是正がなされず，また，当該営業所においては，原価管理等に必要な工事日報も作成されていなかったこと等に鑑み，

28　(vi)の例として，出身校や家庭の事情等をしつこく聞き，自分から答えないなら総務に尋ねると述べる，接客態度がかたいのはお前に彼氏がいないからだといわれた等の例が挙げられる（「平成28年度 厚生労働省委託事業　職場のパワーハラスメントに関する実態調査報告書」）。
29　前田道路事件・松山地判平20・7・1労判968号37頁。
30　前田道路事件・高松高判平21・4・23労判990号134頁。

上司らが不正経理の解消や工事日報の作成についてある程度厳しい改善指導をすることは，上司らのなすべき正当な業務の範囲内にあるとし，社会通念上許容される業務上の指導の範囲を超えるものと評価することはできないとし，叱責等も違法ではないと判示した。このことからも，業務上の指導の範囲内か否かの線引きは非常に微妙かつ困難であることがわかる。

3　顧客や取引先からの著しい迷惑行為

　なお，上記のパワハラの定義からは少し外れるが，顧客や取引先などから暴力や悪質なクレームを受けることもある[31]。この点，顧客や取引先との関係では，使用者の安全配慮義務が当然に及ぶものではなく，顧客や取引先に対しては就業規則の適用もない。

　またクレームの態様自体が悪質であっても会社側のサービスや商品にも問題点が認められる場合があることや，顧客や取引先との関係維持を考えるのであれば，あまり強硬な手段もとりにくいところである。

　しかしながら，少なくとも，使用者は，自分が雇用する労働者に対しては，取引先の労働者等に迷惑をかけないよう，周知・啓発することは可能と考えられるし，労働者に，顧客や取引先に対して迷惑をかけない対応をさせることで，信頼関係の維持にもつなげることができると思われる。

　加えて，顧客から過度のクレームやハラスメントを受けた自社の労働者に対しては，上司や管理職が対応を引き継ぐ，対応策を一緒に考える，場合によっては店長名等で毅然とした態度を採る等することで，一従業員のみに負担がかからないよう留意する必要がある。

　顧客からのクレームやハラスメントが原因となって労働者が精神的疾患にか

31　介護サービス業などでは全体の半数以上が，利用者からのセクハラ・暴力等何らかの嫌がらせ，迷惑行為を受けたと回答している（「平成26年度介護労働実態調査　介護労働者の就業実態と就業意識調査結果報告書」（公益財団法人労働安定センター）。介護に限らず，一般企業であっても，顧客からの過度のクレーム（暴力，金品のゆすり，執拗な叱責，長時間拘束，SNSを用いた中傷行為等を含む）の対象になることはしばしば見られるところである。

かるおそれも十分にあることから，使用者としては，職場環境配慮義務の一環として，かかるクレーム対応を余儀なくされている労働者の精神的ケアおよび負担軽減を率先して行うべきである。

第4節

マタニティハラスメント

1 総論

　マタハラそのものは従前から職場に存在していたが，昨今，職場におけるハラスメントの一類型として，その注目度が一気に大きくなった問題である。とりわけ，平成26年に最高裁判所がいわゆる「マタハラ訴訟」に関する判決を下して以来，マタハラの防止措置の必要性が非常に大きく取り上げられるようになった。

◆妊娠中の軽易な業務への転換に際して副主任から降格させ，育児休業終了後も副主任に再度任じなかったことが違法無効であるとされた判例
広島中央保健生協（C生協病院）事件・
最判平26・10・23労判1100号5頁

【事案】
　副主任（管理職）の地位にあった理学療法士が，妊娠中の軽易な業務への転換を申し出たところ（労基法65条3項），この転換に際して副主任から降格となり，その後，軽易業務への転換期間の経過後も副主任への復帰が予定されなかった事案。

【判旨】
- 女性労働者につき，妊娠中の軽易業務への転換を契機として降格させる事業主の措置は，原則として男女雇用機会均等法9条3項の禁止する取扱いにあたる。

- ただし，当該労働者が軽易業務への転換および上記措置により受ける有利な影響ならびに上記措置により受ける不利な影響の内容や程度，上記措置に係る事業主による説明の内容に照らして，当該労働者につき自由な意思に基づいて降格を承諾したものと認めるに足りる合理的な理由が客観的に存在するとき
  または
  事業主において降格の措置を採ることなく軽易業務への転換をさせることに円滑な業務運営や人員の適正配置の確保などの業務上の必要性から支障があり，その業務上の必要性の内容や程度および上記の有利または不利な影響の内容や程度に照らして，上記措置につき同項の趣旨および目的に実質的に反しないと認められる特段の事情が存在するときは，同項の禁止する取扱いにあたらない。
- 本件は上記の例外規定には該当せず，上記降格措置は違法である。

　本節では，マタハラとして，妊娠・出産，育児休業等を理由とした不利益取扱い（後記②），および妊娠・出産，育児休業等に関するハラスメント（後記③）の両者につき，説明する。

② 妊娠・出産，育児休業等を理由とした不利益取扱い

(1) 原　則

　上記のとおり，前掲・最判平26・10・23労判1100号5頁（広島中央保健生協（C生協病院）事件）は，妊娠中の軽易業務への転換（当該転換自体は労働基準法65条3項に基づく措置である）を「理由として」降格したことが，男女雇用機会均等法9条3項において禁止する不利益取扱いに該当すると判断したが，例外的に，妊娠中の軽易業務への転換を「契機として」降格処分を行うことが認められるケースについても判示していた。

　これを受け，同判決直後の平成27年1月，男女雇用機会均等法および育児・介護休業法の解釈通達が改正され[32]，妊娠・出産，育児休業を「契機として」なされた不利益取扱いは，原則として，妊娠・出産，育児休業を「理由とし

た」不利益取扱いであると解され，違法となる（男女雇用機会均等法9条3項違反，育児・介護休業法10条等）ことが明確化された。

① 違法となる「理由」になりうる事由の例

① 妊娠中・産後の女性労働者の
  - 妊娠，出産
  - 妊娠検診等の母性健康管理措置
  - 産前・産後休業
  - 軽易な業務への転換
  - つわり，切迫流産などで仕事ができないこと，労働能率が低下
  - 育児時間
  - 時間外労働，休日労働，深夜業をしない
② 子供を持つ労働者の
  - 育児休業
  - 短時間勤務
  - 子の看護休暇
  - 時間外労働や深夜業をしないこと

② 不利益取扱いの例

妊娠・出産・育児休業等を理由とした以下のような不利益取扱いは，違法とされる。

- 解雇
- 雇止め
- 契約更新回数の引き下げ
- 退職や正社員を非正規社員とするような契約内容変更の強要
- 降格
- 減給

---

32 「『改正雇用の分野における男女の均等な機会及び待遇の確保等に関する法律の施行について』及び『育児休業・介護休業等育児又は家族介護を行う労働者の福祉に関する法律の施行について』の一部改正について」（平27・1・23雇児発0123第1号）。

> - 賞与等における不利益な算定
>   ※休業期間中や短時間勤務において，働かなかった時間に対応する部分について賃金を支払わず，また日割で賞与を控除する等，専ら育児休業等により労務を提供しなかった期間は働かなかったものとして取り扱うことは，不利益な取扱いに該当しないが，これを超えて働いた時間や期間についてまで働かなかったものと扱うことは不利益取扱いに該当する。
> - 不利益な配置変更
> - 不利益な自宅待機命令
> - 昇進・昇格の人事考課における不利益な評価
>   ※育児休業または介護休業をした労働者について，休業期間を超える一定期間昇進・昇格の選考対象としない旨の人事評価制度は不利益取扱いに該当する。
> - 仕事をさせない，もっぱら雑務をさせるなど就業環境を害する行為をすること

③ 「契機として」

原則として，妊娠・出産・育休等の事由の終了から1年以内に不利益取扱いがなされた場合は，「契機として」いると判断される。もっとも，当該事由の終了から1年を超えていたとしても，もともと実施時期が事前に決まっている，あるいはある程度定期的になされる措置（人事異動，人事考課，雇止め等）については，当該事由の終了後の最初のタイミングまでの間に不利益取扱いがなされた場合は，「契機として」いると判断される。

(2) 例　外

平成27年1月の解釈通達上，妊娠・出産・育児休業等を契機とする不利益取扱いであっても違法とならない例外的ケースとして，次の場合が定められた。

> イ(i) 円滑な業務運営や人員の適正配置の確保などの<u>業務上の必要性から支障がある</u>ため，当該不利益取扱いを行わざるを得ない場合において，(ii)その業務上の必要性の内容や程度が，法の規定の趣旨に実質的に反しないものと認められるほどに，当該不利益取扱いにより受ける影響の内容や程度を上回ると認められる<u>特段の事情が存在すると認められるとき</u>

ロ(i) 契機とした事由又は当該取扱いにより受ける有利な影響が存在し，かつ，<u>当該労働者が当該取扱いに同意している場合において</u>，(ii)当該事由及び当該取扱いにより受ける有利な影響の内容や程度が当該取扱いによる不利な影響の内容や程度を上回り，当該取扱いについて事業主から労働者に対して適切に説明がなされる等，<u>一般的な労働者であれば当該取扱いについて同意するような合理的な理由が客観的に存在するとき</u>

③ 妊娠・出産，育児休業等に関するハラスメントの防止措置義務

　平成29年1月1日施行の改正男女雇用機会均等法11条の2および改正育児・介護休業法25条により，不利益取扱いの禁止に加え，セクハラにおける措置義務（男女雇用機会均等法11条）と同様，職場における妊娠・出産，育児休業等に関するハラスメントの防止措置を講ずべき義務が明文で定められた。

　職場における妊娠・出産，育児休業等に関するハラスメントとは，「職場」において行われる上司・同僚からの言動（妊娠・出産したこと，育児休業等の利用に関する言動）により，妊娠・出産した「女性労働者」や育児休業等を申出・取得した「男女労働者」等の就業環境が害されることをいう。

　ただし，業務分担や安全配慮等の観点から，客観的に見て，業務上必要性に基づく言動によるもの，たとえば，定期的な妊婦健診の日のような，事前の調整がある程度可能な休業等については，検診日をずらせないか労働者の意向を確認することなどは，ハラスメントには該当しない。

　措置義務が定められている職場における妊娠・出産，育児休業等に関するハラスメントには，以下の(1)(2)のとおり，制度等利用の嫌がらせ型と，状態への嫌がらせ型の2パターンがある。

(1) 制度等の利用への嫌がらせ型
① 解雇その他不利益取扱いを示唆するもの

　産前休業，育児時間の取得といった制度等の利用を請求したい旨の上司への

相談，制度等の利用の請求等，あるいは実際に制度等の利用をしたことにより，上司がその労働者に対し，解雇その他不利益な取扱いを示唆することをいう。

本類型については，加害者となりうるのは上司のみである。

> 例：産休の取得を上司に相談したら，「休みを取るならやめてもらう」あるいは「産休を取るなら次の昇進はなし」といわれた。

② 制度等の利用の請求等または制度等の利用を阻害するもの

労働者が制度の利用を請求したい旨上司に相談したところ，上司が，請求をしないように告げること／これを聞いた同僚が，繰り返しまたは継続的に，制度利用を請求しないようにいうこと，あるいは労働者が制度利用の請求をしたところ，上司が請求を取り下げるようにいうこと／同僚が，繰り返しまたは継続的に，請求等を取り下げるようにいうことを指す。

本類型の加害者となりうるのは，上司または同僚である。ただし，上司の場合は，上記の発言は1回限りでもハラスメントに該当するが，同僚による発言の場合は，繰り返しまたは継続的になされるもののみがハラスメントに該当する[33]。

> 例：育児休業の取得を上司に相談した男性が，「男が育児休業を取るなどあり得ない」といわれ，取得を諦めざるを得ない。あるいは，同僚から「自分なら請求しない」といわれ，「でも自分は請求したい」と再度説明したにもかかわらず，再度同様の発言をされ，取得を諦めざるを得ない，等。

③ 制度等を利用したことにより嫌がらせ等をするもの

労働者が制度等の利用をしたところ，上司・同僚がその労働者に対し，繰り返しまたは継続的に嫌がらせ等（嫌がらせ的な言動，業務に従事させないこと，

---

[33] 妊娠し時短勤務を申し出た労働者に対し，「育休明けに戻ってきても，新しい人を雇っているだろうから，戻ってきても仕事はない」「パート勤務を考えるように」などと申し向けた挙句解雇した事案につき，労働審判で，解雇を撤回したうえ，賃金1年分相当の金員を支払って和解した例として，横浜地裁平23・12・26労判1057号168頁（労働審判事件）。

もっぱら雑務に従事させること等）をすることをいう。

　本類型の加害者となりうるのは，上司または同僚である。いずれが加害者であっても，繰り返しまたは継続的に行われるハラスメントに該当する。

> 例：上司・同僚が，「育児のための時短制度を使っている人には大事なプロジェクトは任せられない」と繰り返し述べ，もっぱら雑務のみに従事させられる状況となっており，就業するうえで看過できない程度の支障が生じている。

(2) 状態への嫌がらせ型

　女性労働者の妊娠，出産等に関する言動により，就業環境が害されるものをいう。

　具体的には，以下の事由を対象とした言動による就業環境の悪化を指す。

- 妊娠
- 出産
- 産後の就業制限規定により就業できず，または産後休業したこと
- 妊娠または出産に起因する症状（つわり，妊娠悪阻，切迫流産等）により労務の提供ができないこと，もしくはできなかったこと，または労働能率が低下したこと
- 坑内業務・危険有害業務の就業制限により業務に就けずまたはこれらの業務に従事しなかったこと

① 解雇その他不利益な取扱いを示唆するもの

　女性労働者が妊娠等したことにより，上司がその女性労働者に対し，解雇その他の不利益な取扱いをすること。

　本類型の加害者となりうるのは，上司のみである。1回限りの言動でも該当する。

> 例：上司に妊娠を報告したところ，「それならやめてもらって構わない」「当面昇進はないと思ってほしい」等と告げる。

② 妊娠等したことにより嫌がらせ等をするもの

　女性労働者が妊娠等したことにより，上司・同僚がその女性労働者に対し，繰り返しまたは継続的に嫌がらせ等（嫌がらせ的な言動，業務に従事させないこと，もっぱら雑務に従事させること等）をすること。

　本類型の加害者となりうるのは，上司または同僚である。いずれが加害者であっても，繰り返しまたは継続的に行われる場合にハラスメントに該当する。

> 例：上司や同僚が，「妊婦はいつ休むかわからないから大事な仕事は任せられない」と繰り返しまたは継続的にいい，雑務しか与えず，就業するうえで看過できない程度の支障が生じる状況となっている。

(3) 例　外

　なお，妊娠・出産・育児介護等に関する言動のすべてがハラスメントとなるわけではなく，業務上の必要性に基づく言動であれば認められる点にも留意が必要である。

　たとえば，制度等の利用に関し，業務体制見直しのため，上司が育児休業をいつまで取得するか確認すること，業務状況を考え，上司が次の妊娠検診につき，この日だけは避けてほしいが調整できるかと確認すること等は，業務上の必要性があり，ハラスメントには該当しない。

　また，妊婦の状態に関して，上司が，「妊婦には長時間労働は負担が大きいだろうから，業務分担を見直し，あなたの残業量を減らそうと思う」と配慮したり，上司や同僚が「つわりがひどそうだが，少し休んだほうがいいのではないか」と配慮することも，業務上の必要性が認められ，ハラスメントには該当しない。

第5節

ハラスメントに関連する訴訟

1 被害労働者からの損害賠償請求訴訟

(1) 損害賠償請求の法律構成

職場におけるハラスメントの被害に遭った労働者が雇用主に対して訴訟を提起する場合で最も多いケースが,損害賠償請求である。当該労働者が損害賠償請求の根拠とする主な法律構成には以下のパターンがある。

① 人格権侵害に基づく不法行為責任(民法709条),および加害者を使用する者としての使用者責任(民法715条)

日本においてハラスメントの訴訟が提起されるようになった当初,裁判所はこれを不法行為上の人格権侵害として処理をしていた[34]ため,最も典型的なハラスメント訴訟の類型は,現在においても不法行為に基づく損害賠償請求である。

最も一般的な法律構成は,使用者は,「被用者の労務遂行に関連して,被用者の人格的尊厳を冒しその労務提供に重大な支障を来す事由が発生することを防ぎ,又はこれに適切に対処して,職場が被用者にとって働きやすい環境を保つように配慮する注意義務」を負い[35],被用者を選任,監督する立場にある者がかかる注意義務を怠った場合には,当該監督者に不法行為責任が成立し,使用者も民法715条により不法行為の使用者責任を負うという法律構成である。

また,男女雇用機会均等法11条や育児・介護休業法25条の措置義務違反を理

---

34 前掲・福岡地判平4・4・16労判607号6頁(福岡セクシュアルハラスメント事件)。
35 前掲・福岡地判平4・4・16労判607号6頁(福岡セクシュアルハラスメント事件)。

由に，使用者責任としてではなく会社自身の不法行為責任としての損害賠償請求を認める裁判例もある[36]。

② 労働契約上の付随義務としての職場環境配慮義務に違反したことに基づく債務不履行責任（民法415条）

「使用者は，被用者に対し，労働契約上の付随義務として，信義則上職場環境配慮義務，すなわち，被用者にとって働きやすい職場環境を保つように配慮すべき義務を負っている」こと[37]や，労働契約法5条（「使用者は，労働契約に伴い，労働者がその生命，身体等の安全を確保しつつ労働することができるよう，必要な配慮をするものとする。」）および男女雇用機会均等法11条，育児・介護休業法25条の措置義務を根拠に，雇用主の職場環境配慮義務違反を理由とする債務不履行責任（民法415条）に基づく損害賠償を請求するケースも多く見られる[38]。

(2) 損害賠償請求の相手方

セクハラを原因とする損害賠償請求訴訟における被告は，(a)不法行為構成であれば行為をした加害労働者と使用者，(b)債務不履行構成であれば使用者であるのが通常である。もっとも，労働契約関係においてはそれにとどまらないケースも見られる。

① 出向の場合

自社の労働者が出向先でハラスメント被害にあった場合，あるいは逆に出向者が出向先でハラスメント被害を加えた場合も，基本的に上記(a)または(b)の法律構成に基づき責任追及がなされることになるが，出向の場合は，出向元と出向者との間の労働契約関係と，出向先と出向者との間の労働契約関係が二重に存在していることから出向元・出向先双方の責任が問題となりうる。

まず，出向者が出向先でハラスメント被害にあった場合，出向者に対する日

---

[36] 前掲・東京高判平24・8・29（M社（セクハラ）事件）。
[37] 前掲注11・津地判平9・11・5（三重セクシュアルハラスメント（厚生農協連合会）事件）。
[38] ハラスメントの被害が拡大し，精神疾患等労働者が疾病に罹患した場合には，さらに労災や安全配慮義務違反が問われることになる。詳細については前記**第2章**を参照。

常の業務指示・業務管理等はすべて出向先が行っていることから，出向者との関係で職場環境配慮義務等を一次的に負うのは出向先企業である。そのため，出向者が出向先でハラスメント被害にあった場合は，まずは出向先企業が不法行為責任や使用者責任，職場環境配慮義務違反等に基づく債務不履行責任を問われることになる。しかし，出向元も出向者との間で労働契約関係にある以上，出向先と同様，出向者に対する職場環境配慮義務等を負っているため，たとえば，被害にあった出向者が出向元企業に相談をしたにもかかわらず，出向元がこれを放置し，出向先に何らの対策も求めなかったような場合には，損害賠償責任を問われるリスクがある。

次に，出向者が出向先でハラスメントを行った場合にも，一次的には出向先企業が責任を問われることになるが，出向者との関係では出向元企業が使用者責任を問われることも，事案によっては当然ありうる。

② 派遣・請負（業務委託）の場合

派遣労働者の場合には，派遣先事業主が指揮命令を行うため，派遣労働者がハラスメント被害を受けた場合，派遣先事業主が使用者責任を負う。また，派遣先事業主と派遣労働者の間には，雇用関係はないものの，指揮命令を行うことによって，「特別な社会的接触の関係」に入ったと判断され，派遣先にも職場環境配慮義務や安全配慮義務違反が認められる可能性がある[39]。また，派遣元事業主も，直接指揮命令するわけではないが，前記のとおり派遣就業に関し派遣就業が適正に行われるように，必要な措置を講ずる等適切な配慮をすべき義務を負っており（労働者派遣法31条），派遣先との連絡体制の確立，関係法令の関係者への周知等の適切な配慮をすべき義務があるとされる。派遣労働者が派遣先でのセクハラ被害に関して派遣元事業主を訴えた事案で，大阪高裁[40]は，上記のように派遣元事業主の義務につき判示したうえで，派遣元事業主につい

---

[39] 派遣先事業主は，労働者派遣法47条の2および3により，男女雇用機会均等法11条，11条の2，育児・介護休業法10条・25条等において，派遣労働者の事業主の立場に立つことになり，派遣労働者について，セクシュアルハラスメントの防止等適切な就業環境の維持に努めるべきとされている（「派遣先が講ずべき措置に関する指針」（平成28年厚生労働省告示第78号））。また，派遣先事業主に損害賠償責任が認められた裁判例として，東京セクハラ（航空会社派遣社員）事件・東京地判平15・8・26労判856号87頁。

[40] 前掲注7・大阪高判平25・12・20（東レエンタープライズ事件）。

て，就業規則のセクハラ禁止規定やガイドブックの配布，苦情処理体制の確立によりセクハラ防止義務は果たしていると認めたものの，相談を受けても何も対応しなかったことをもってセクハラ救済義務に違反した等認定し，派遣元事業主の損害賠償責任を認めている。

これに対し，請負（業務委託）の場合，ハラスメント被害を受けた労働者を指揮命令するのは，請負業者（受託業者）であるから，この者が使用者責任および債務不履行責任を負うのが原則である。しかし，いわゆる「偽装請負」のように，実質的に発注業者（委託業者）が指揮命令をしている場合には，発注業者（委託業者）に対しても，使用者責任や債務不履行責任が生じる可能性があるため，注意が必要である[41]。

③ 親会社

グループ会社や子会社を多数有する企業の場合，親会社においてグループ全体のためのコンプライアンス相談窓口を設置することはしばしば行われるが，子会社の社員が親会社の相談窓口に対して行ったセクハラの相談について親会社がとった対応につき，信義則上の義務違反を根拠に損害賠償を求められることがありうる。

イビケン（旧イビデン建装）元従業員ほか事件・最判平30・2・15金判1543号8頁では，グループ会社を多数有する親会社（被告会社）が，法令遵守体制として，グループ会社の事業場内で就労する者が法令遵守に関して相談できるコンプライアンス相談窓口（以下「本件相談窓口」という）を設け，従業員等に対して当該制度を周知しその利用を促していた。子会社1の元社員Xは，子

---

41 ヨドバシカメラ事件・東京地判平17・10・4労判904号5頁は，実質的に二重派遣の実態があった状況で，派遣労働者に対し派遣元の従業員と派遣先の従業員の双方がそれぞれ別個に暴行をした事案において，①派遣先従業員が行った暴行に関する派遣先事業主の使用者責任は認めた。しかし，②派遣元従業員が行った暴行に関しては，派遣先事業主は当該派遣元従業員を指揮監督していたことを認めるべき事情は証拠上見当たらず，また，派遣元従業員が派遣労働者に対して行った暴行に関し，これらが行われた具体的状況，そこに至る経緯，具体的な予見可能性の有無，および派遣先事業主と暴行を加えた派遣元従業員との関係等を考慮すると，各暴行行為に関し，派遣労働者の身体等に対する危険を防止する義務があったとまでは認められないとし，派遣先事業主の安全配慮義務違反の責任を否定した。

会社2の社員Aから受けたストーカー・セクハラ行為に悩み子会社1を退職したが，退職後（退職後も派遣会社を通じて同一の職場に派遣されていた）もAから引き続きストーカー行為を受けていた。これを受け，子会社1の別の社員Bが被告会社の本件相談窓口に通知し，Xの行為につき従業員によるストーカー行為として対応してほしい旨，XおよびAの双方への事実確認と対応を求める申出を行った。被告会社は，子会社1および子会社2とも打合せを行い，Aおよび関係者へ聞取り調査を行ったものの，当該申出にいうようなXの被害はないとの子会社1からの報告があったため，Xへの事実確認は行わず，Bに対し，当該申出に係る事実は確認できなかった旨伝えた。そうしたところ，Xが，A，子会社1および2に加え被告会社を相手に訴え，安全配慮義務違反および不法行為に基づく損害賠償を求めたという事案である。

最高裁は，まず，①被告会社はXから実質的に労務提供を受ける立場にないこと等を理由に，被告会社は，自らまたは子会社1を通じて雇用契約上の付随義務を履行する義務を負うものではないと判示した。

しかし，本件相談窓口との関係では，②法令等違反行為により被害を受けた従業員等が，本件相談窓口に対しその旨の相談の申出をすれば，被告会社は相応の対応をするよう努めることが想定されており，上記の申出の具体的状況如何によっては，当該申出をした者に対し，当該申出を受け，体制として整備された仕組みの内容，当該申出に係る相談の内容等に応じて適切に対応すべき信義則上の義務を負う場合があるとの基準を示した。

そのうえで，最高裁は，本件においては，以下の事情から，本件申出の際に求められたXに対する事実確認等の対応をしなかったことをもって，被告会社のXに対する損害賠償責任が認められるべきではないと判断した。

(a) 被告会社の法令遵守体制の具体的内容として，本件相談窓口に対し相談の申出をした者が求める対応をすべきとするものだったとは認められないこと。

(b) 本件の申出の内容も，Xの退職後に被告のグループ会社の事業場外で行われた行為に関するものであり，Aの職務執行には直接関係がないこと。

(c) 申出の当時，XはすでにAと同じ職場では就労しておらず，また，ストーカー行為が行われてから8カ月以上経過していたこと。

上記のとおり，グループ会社全体向けのコンプライアンス相談窓口などを設けた場合，当該相談窓口に寄せられた申出内容や事実関係次第では，親会社が，子会社において発生したセクハラ事案その他のコンプライアンス違反事案について対応するべき信義則上の義務を負うとして，損害賠償義務を負う場合がある点に留意すべきである。このような相談窓口を設けた場合には，親会社は，子会社やグループ会社で発生したセクハラ等についても，慎重に調査を行い事実関係を十分に検討のうえ，対応を決める必要がある。

④　使用者が複数いる場合の損害の分担

上記のようにハラスメント被害を受けた労働者から損害賠償請求を受ける使用者が複数いる場合，損害賠償債務は不真正連帯債務となり，各使用者が損害額の全額について責任を負い，労働者はどちらの使用者に対しても全額について強制執行することが可能である。使用者のどちらかが全額を支払った場合には，全額支払った使用者が他方の使用者に対し，責任の割合に応じて求償することになる[42]。

(3) 損害賠償請求訴訟における判断枠組み

不法行為および債務不履行のいずれに基づく請求であっても，ハラスメントを理由とする損害賠償請求訴訟においてほぼ共通して見られる裁判例の判断枠組みおよび主要な争点は，①ハラスメント行為の有無，および，②当該セクハラ行為の違法性である。

①　ハラスメント行為の有無

不法行為の成立が認められるためには権利侵害行為の存在が必要であり，また，債務不履行責任に基づく請求が認められるためには，契約上の義務違反行為の存在が必要である。たとえばセクハラ訴訟の場合，具体的には職場における性的言動の存在が必要である。そのため，原告（セクハラの被害者であると主張する労働者）は性的言動の存在を主張・立証し，被告（使用者および加害者とされる労働者）は，かかる性的言動はなかった旨を反論し防御を図ること

---

[42]　複数の使用者間において，責任割合に応じた求償を認めた裁判例として，最判平3・10・25民集45巻7号1173号。

になる。

　なお，不法行為や債務不履行に基づく損害賠償責任が認められる行為は，職場における行為だけにとどまらない。たとえば，同僚数名と私的に飲みに行った際に行われたセクハラ的な言動など職場外のものであっても，少なくとも加害労働者自身の損害賠償責任は認められるし，状況によっては，使用者にも責任が及ぶ可能性がある[43]。

② ハラスメント行為の違法性

　不法行為が成立するためには，権利侵害行為が違法であることが必要であるし，債務不履行に基づく損害賠償請求であれば，職場環境配慮義務等の不履行が違法であることが必要である。すなわち，①たとえ性的言動の存在が認定されたとしても，②それが社会通念上許容される限度を超える違法なものでなければ，加害者や使用者は損害賠償責任を負わない。裁判例には，他人に聞こえないような態様での発言や，極めて親密な関係にあり自由な意思で行った性交渉について，違法性を否定したものがある[44]。

(4) 主張・立証上のポイント

① 行為の存否について

　ハラスメント行為の存否は事実認定の問題であるため，裁判所が当該ハラスメントの存在につき，確信を抱く程度の心証を有するに至るかどうかという問題に帰着する。もっとも，ハラスメント行為（特にセクハラ行為）は密室であるいは他の労働者に聞こえないような状況下で行われることも多く，その場合は第三者の証言も電子メール等の物的証拠もないため，最終的には被害労働者と加害労働者の証言のみが決め手となるケースもある。かかる場合，最終的な事実認定は両者の供述の信用性によって決せられることとなる。供述の信用性については，その内容がハラスメント被害者の言動として自然なものであるか，通常のものであるかという観点から判断されることが多いが，他方で，セクハラ事案については，「性的被害者の行動パターンを一義的に経験則化し，それ

---

[43] 前掲注3・人事院規則10-10は，職場外の言動についてもセクハラに該当すると規定している。

[44] 前掲注36・東京高判平24・8・29（M社（セクハラ）事件）。

に合致しない行動が架空のものであるとして排斥することはできない」とし，たとえ被害者の供述に一定の不自然さがあったとしても，被害者の供述を信用できるものとして採用する裁判例もある[45]。以下では，ハラスメント行為の立証手段について解説する。

(a) 客観的な証拠資料

上記のとおり，ハラスメントの事実認定においては，当事者の証言が重要となるが，客観的な資料がある場合もある。

(i) 目撃者

被害労働者が主張するハラスメント行為が飲み会の席における身体接触や他の労働者のいる面前でなされる過度の叱責等であれば，目撃証人がいるので立証は比較的容易である。

(ii) 電子メール，SNSのメッセージ等

ハラスメントとなるような言動が電子メールやSNSで残っていることもある。加害労働者がこのような形に残る体裁でハラスメントに該当するような文言を相手方に対して送信していた場合は，使用者としてもハラスメントを否定するのは困難である。

(iii) 日記

ハラスメント訴訟においては，被害労働者が被害事実等に関して記したとする日記やメモなどが証拠として提出されることも多く，この場合には当該日記等の信用性も問題となる[46]。

---

[45] 大学教授が出張先のホテル内において，同行した研究補助員の女性に対して強制わいせつ行為をしたとして同教授に対する慰謝料請求がなされた秋田県立農業短期大学事件では，第1審判決（秋田地判平9・1・28判時1629号121頁）は，研究補助員の供述内容が強制わいせつの被害者としては通常でない点，不自然な点が多々存在するとし，研究補助員（原告）の請求を棄却し，逆に大学教授に対する名誉棄損の慰謝料の支払を命じた。しかし，同事件の控訴審判決（仙台高秋田支判平10・12・10労判756号33頁）は，女性の供述につき，性的被害者の行動パターンを一義的に経験則化し，それに合致しない行動が架空のものであるとして排斥することはできないとの理由により信用性を認め，第1審と全く逆の判示をした。控訴審では，女性側は性的な被害を受けた人々の行動に関する諸研究を証拠として提出したようである。

[46] 被害労働者が記したノートにつき，格別不自然なところはなく，当該日付の日に当該出来事が存在したという限度での信用性は認められるとされたセクハラ・パワハラ関

一般的には、毎日継続的に記録されていた日記等については、信用性が高いと判断される傾向にあるが、こうした記録が加害労働者を貶めるために意図的に作成されたような場合には、かえってセクハラの事実がなかったとの心証に傾くことになる。男性経営者からセクハラ行為をされたと主張する女性事務員が日記的なノートを作成していた事案において、福岡高判平19・3・23判タ1247号242頁は、当該ノートには身内のことを除くと加害者のことばかりが記載されており、当時、ほかにもさまざまな悩みを抱えていたという女性の原審における供述と整合しないこと、日付の記載がある部分が少ないこと、複数の日にわたる記述の外見的な印象が似通っており、これらを同一日にまとめて記載した可能性を排斥できないことなどを指摘したうえで、当該ノートの証明力は必ずしも高くないとし、ノートにより当該女性の主張するセクハラ行為の事実を推認することはできないと判示している[47]。

したがって、使用者としては、訴訟・労働審判において被害者作成のノートや日記等が提出された場合には、その内容や外見を慎重に吟味し、毎日記入する内容として不自然な点がないか、加害者とされる労働者にも事情を聴きながら検討する必要がある。

(iv) 録　音

ハラスメント行為の証拠として録音データが提出されるケースもありうる。かかる場合、録音はハラスメント加害者には秘密で行われることが通常であることから、秘密録音が違法収集証拠であるとして証拠能力が争われることが多い。もっとも、民事訴訟においては、証拠能力の制限は原則としてほとんどなく、秘密録音データや秘密で撮影・コピーを取った書類等の証拠能力が否定さ

連のケースとして、医療法人社団恵和会ほか事件・札幌地判平27・4・17労判1134号82頁。

47　もっとも、同判決は、当該ノートが訴訟において証拠として提出する目的で事後的に作成されたものというには躊躇を覚えるとも判示している。なお、上記福岡高判平19・3・23の第1審判決では、逆にノートの内容および体裁から、裁判の証拠として提出する目的で作成されたものでないことは明らかであり、また、自分の気持ちを整理するために、悩みや不満を思うに任せて率直に書いたうえで、自分を鼓舞するために自分に対する励まし、慰めの言葉を記載したノートであるものと認められるとして、その信用性を高く評価している（福岡地判平17・3・31判タ1196号106頁）。

れるのは，例外的に，反社会的な手段で収集した場合に限られる。

したがって，ハラスメント行為の証拠として録音が提出された場合には，会社として，録音がなされた状況や経緯の検証は必要ではあるものの，当該録音を違法な証拠であるとして排除し，録音内容に含まれる言動そのものを否定することは非常に困難である[48]。また，最近はスマートフォン等により，その場で録音することも非常に容易になっている。ハラスメント行為については，常に録音があるものという前提で臨むべきである。

(b) 当事者の証言の信用性

当事者の証言については，以下の点を検討して信用性が判断される[49]。

- 供述内容の他の客観的証拠との整合性
  例：申告被害日時における両当事者の業務スケジュールと申告被害内容とが不整合である場合（片方がその日は出張で不在であった等）
- 他の目撃証言との整合性
- 経験則との符合
  例：上司がしつこく誘ってきたため，断りきれずに飲食に応じたとしても，不自然とはいえない。
- 供述内容の一貫性（変遷・矛盾の有無）や具体性等
  例：追及を受けるとその場で供述内容が変遷する場合や，被害労働者のストーリーが具体性に欠けている等
- 供述経緯
  例：ハラスメント行為後，特段の事情もないのに，数カ月が経過してから上司に報告した等[50]
- 虚偽供述の動機の有無
  例：被害労働者が加害労働者と過去にトラブルを起こし，被害労働者が

---

48 京都地判平19・4・26LLI/DBL06250125では，社長が女性社員に対し，いつも，自分とセックスができなければクビであると発言していた点が録音されており，かかる録音データの内容も含め，原告の女性社員の主張が認められセクハラ行為の存在が認定されている。

49 上記の要素について検討し，加害労働者の主張の信用性を否定した裁判例として，前掲注14・東京地判平22・12・27（富士通エフサス事件）等。

> 加害労働者のことを恨んでいた等

　使用者としては，被害労働者が主張するセクハラ行為の内容を客観的な事実関係と照らし合わせて吟味のうえ，上記の点に照らしてその主張・供述内容の信用性に疑義を生じさせる事情があれば，これを訴訟においても主張すべきである。

　また，かかる検討を行うにあたっては，訴訟や労働審判が提起される前の段階，すなわち被害申告があった段階から，被害者・加害者双方，および周囲の労働者や上司等から十分なヒアリングを行っておき，記録に残しておくことも非常に重要である[51]。

② ハラスメント行為の違法性

　損害賠償訴訟を提起された使用者としては，仮に①セクハラ行為の存在（客観的事実）については否定し難いとしても，②当該行為について加害者側および会社としての評価およびストーリーがあり，これにより当該行為の正当性を主張できるのであれば，かかる主張を行うことで，違法性に関する会社に不利な判断を回避することができる。

　(a) セクハラの場合
　(i) セクハラの程度

　セクハラと一口にいっても，重いものから軽いものまでその内容はさまざまである。性的な関係の強要，不必要な身体的接触，性的な事実関係を同僚らの前で執拗に尋ねたり，性的な噂を職場で流布するといった性的自由への重大な

50　もっとも，熊本バドミントン協会役員事件・熊本地判平9・6・25判時1638号135頁では，被告が原告を強姦したうえ，その後も性関係の継続を強要したとして，最初の強姦から3年経過してから訴訟を提起した事案において，裁判所は，3年経過後の訴訟提起であったとしても，そのことをもって，原告が合意に基づいて性関係を継続していたとはいえず，PTSDの研究結果等も考慮のうえ，原告の供述の信用性は高いと判示した。

51　東京設備会社事件・東京地判平12・3・10判時1734号140頁は，被害労働者の証言について，陳述が具体的であり，早い時期に他の職員に相談していること，第三者の供述とも一致していること，加害者である代表取締役が全く反論できておらず，一部事実を認め謝罪していることをもって，強姦未遂があったことを認め，使用者の，被害労働者が強姦未遂をでっち上げたとする主張を排斥した。なお，この事案では，被害労働者は，加害者との会話を録音しており，その内容も裏付けの証拠となっている。

侵害行為から，2人での食事への誘いや性的なポスターを職場に掲示するといった比較的程度の軽いものまで含まれる。会社としては，問題となっているセクハラ行為の具体的内容・態様を，ヒアリングや客観的資料からできる限り正確に把握することが必要である。

X社事件・東京地判平22・4・20労経速2079号26頁では，被告社員の言動には一部セクハラにあたる言動が認められると認定しつつも，いずれも軽微なものにすぎなかったこと[52]，原告は，セクハラの言動に関する限りでは被告社員を許していたと評価できること，被告社員がセクハラの言動に関して相当重い処分を受けていること等に鑑み，不法行為は成立しないと判示した[53]。

(ⅱ) 「意に反していない」との主張

セクハラ被害を訴える被害労働者が加害労働者による性的接触や性的発言について同意をしていた場合には，たとえ性的接触・性的発言があったとしても違法性は棄却される。そのため，多くのセクハラ事案訴訟においても，被害労働者の同意の下であったといった主張はしばしば加害労働者側からなされる。

ただし，被害労働者が性的接触を明示的に拒絶しなかったとの一事をもって，同意が認定されるわけではない点には留意が必要である。すなわち，前掲注50・熊本地判平9・6・25判時1638号135頁（熊本バドミントン協会役員事件）においても，被告は，妻子がありながらも原告と合意のうえで性関係を継続したと主張したが，原告の供述との比較や主張の根拠としている手帳を証拠とし

---

52 ただし，同事案で認定されたセクハラ行為は，①出張先のホテルでワインを飲もうと原告女性を誘い，コップを持ってきた原告とワインを飲んだ後（部屋のドアは開いていた），原告女性を横抱きに持ち上げたがすぐにおろして謝罪をした，②原告女性の手首を触った，③原告の自宅のなかを見ようとしたり，原告を褒めるときに4〜5回，頭を撫でたり平手でポンポンと叩いたりしたというものであり，通常であれば軽微とは評価し難い内容である。同事案では，原告女性と被告社員との間で，従前からかなり親しい内容のメールのやり取りがなされていたこと，①の出張後も，原告女性が被告社員に対し，「出張が充実していた。頼りがいのある上司のお陰で楽しかった」とメールを送信していたこと等，両者の関係が裁判所の認定に大きく影響したものと考えられる。

53 被告宅の家政婦であった原告が被告に対してセクハラへの抗議をして以降，被告が昼食時に自宅に戻らなくなったり原告による金銭管理をさせなくした点について，嫌がらせの側面はあるものの違法とまではいえないとした裁判例として，金沢セクシュアルハラスメント事件・名古屋高金沢支判平8・10・30労判707号37頁。

て提出していないこと，被告自身の主張のストーリーの不自然性等から，被告の供述は信用できないとされ，同意も認定されなかった。

また，原告が勤務する会社の代表者の男性および店長の男性のそれぞれから強姦されたとして訴えた事案において，第1審判決（東京地判平24・1・31労判1060号30頁（前掲・M社（セクハラ）事件））では，いずれの被告との性交渉に関しても原告の同意があったと認定され，原告の請求が棄却された。しかし，控訴審判決（前掲・東京高判平24・8・29労判1060号22頁）では，代表者の男性が原告に対して人事権を有していたこと，原告が自分の置かれた立場を考えてやむなく受け入れたものであること，原告が代表者の要求を拒絶することが不可能であったとまではいえないが，心理的に要求を拒絶することが困難であったと認められ，性行為を受け入れたからといって自由な意思に基づく同意があったとは認定できないと判示され，代表者との関係では不法行為が認められている（なお，控訴審でも，店長男性とは極めて親密な関係にあったと認定され，同人との関係では自由な意思に基づく性交渉であったと認定された）。

したがって，性交渉等について明確な拒否がなかったとしても，被害者と加害者との上下関係等に鑑み，同意の存在が否定されることも多い点に留意が必要である。

(b) **パワハラの場合**
(i) **問題行動の内容，重大性**

前述のとおり，パワハラについては，業務上の指導との線引きが非常に難しいが，同じ程度の叱責・ノルマ等であっても，その原因となる問題行動の有無やその内容・重大性次第で，叱責行為等の違法性は変わりうる。

前掲注30・高松高判平21・4・23労判990号134頁（前田道路事件）では，架空出来高の計上等の是正を図るよう上司が指示した後も1年以上その是正がなされず，また，当該営業所においては，原価管理等に必要な工事日報も作成されていなかったという問題行動の内容・程度に鑑み，ある程度厳しい改善指導も正当な業務の範囲内であったと判示された。すなわち，起こした問題が重大であれば，指導が厳しくなるのもやむを得ない（厳しい指導にも違法性はない）との判断になりやすい。

しかし，もし，問題行動の内容が軽微な作業ミス等であるにもかかわらず，

執拗に反省書を書かせたり，過剰な叱責を繰り返したりした場合には，違法性は高まることから，会社としては，パワハラ行為とされている指導に至った具体的経緯や理由を十分に検証する必要がある。

(ii) **指導等の目的**

指導の程度のほか，部下に対する指導等の目的も，違法性の判断には影響する。

たとえば，医科大学における教授の助手に対する行為が，違法な公権力の行使である嫌がらせに該当すると争われた事案（奈良医大アカデミックハラスメント（アカハラ）事件・大阪高判平14・1・29判タ1098号234頁）においては，問題とされた複数の行為のうち，教授が，助手の兼業承認申請について，未だ作成されていないはずの書類の提出にこだわって，同申請書への押印を拒否したことについては，教授による嫌がらせであると認定した。しかし，教授が，助手の私物を別室に移動させたことについては，従前助手が使用していたスペースを留学生の専属スペースとすることが決まり，そのため同スペースを明け渡すことを助手自身も了解していたにもかかわらず，助手が，机の下等の私物を放置していたため，留学生の研究執務に支障が出ることも十分予想される状態であったことから，違法な嫌がらせとまではいえないと判断した。また，講座研究費の配分についても，出勤状況に応じて配分する内容であったこと等から，嫌がらせ目的はないと認定され，さらに，他大学の公募書類を開示した行為についても，当該助手を他の教室員と異なる扱いをしたものでもなく，現実の応募をするか否かは全面的に教室員の自由に委ねられていたこと等も考慮し，違法性を否定した[54]。

---

[54] ほかにも，原告が，被告会社の社長や社員による集団的いじめや嫌がらせを主張したティーエムピーワールドワイド事件・東京地判平22・9・14労経速2086号31頁では，原告に日報の作成を命じたことにつき，仕事に慣れるペースが遅く電話対応にも助言を必要とした原告への，教育指導的観点からなされたものであって，不合理な自己批判を強制したものではないと判示した。

また，別の者とのミーティングについても，顧客から原告のテレアポの感じが悪いという苦情を受ける等したため，原告に対しテレアポの留意点を注意したものであり，苦情に対する改善策として至極もっともなものであり，原告の勤務態度についてかなり厳しく注意したことがうかがわれるものの，そこにいじめや嫌がらせの目的は認められないと判示した。

もちろん，前述のとおり，指導の態様・方法が許容できる限度を超えている場合（過度な叱責等）には，たとえ目的自体が正当なものであっても，全体として違法性があるとの判断を免れることはできない。しかし，十分な指導目的もなくいじめや嫌がらせの目的で叱責したケースと，適切な指導目的をもって叱責したケースとでは，当然，違法性の判断は異なりうるから，パワハラを主張された企業としては，上司等に当該指導を正当化するだけの目的があったか否かを十分に調査し，これを主張・立証することが必要となる。

(iii) **指導等の態様・方法**

パワハラについては，多くの事例において，上司にも言い分があることが多い。しかし，上記のとおり，仮に上司の言い分が正しい場合であっても（目的が正当であっても），指導の態様・方法が許容できる限度でなければ，違法と判断される。

たとえば，上司（被控訴人）が，控訴人に対し，部署の従業員全員を宛先のccに入れて，「意欲がない，やる気がないなら，会社を辞めるべきだと思います。当ＳＣ（引用者注：サービスセンター）にとっても，会社にとっても損失そのものです。」「あなたの給料で業務職が何人雇えると思いますか。……これ以上，当ＳＣに迷惑をかけないで下さい」というメールを送信した事案（A保険会社上司（損害賠償）事件・東京高判平17・4・20労判914号82頁）では，上記メール配信の目的自体は，控訴人が地位に見合った処理件数を達成するよう叱咤督促するものであったから正当であると認定したが，目的は正当であったとしても，控訴人の名誉を毀損するものであり，表現において許容限度を超え，著しく相当性を欠くから，不法行為に該当するとし，慰謝料5万円の支払のみを命じている。

なお，本事案の第1審では，本件メールは，業務指導の一環として行われたものであり，私的な感情から出た嫌がらせとはいえず，その内容も業務に関するものにとどまっており，メールの表現が強いものとなっているものの，いまだ人格を傷つけるものとまで認めることはできない，として違法ではないと判断されている。おそらく，裁判官によって判断が分かれる，限界的な事例といえる（逆にいえば，かかる態様を超えるものは違法である）。

(iv) 発言の受け手との関係性

　また，違法性の判断にあたっては，パワハラであると主張されている発言の発言者と受け手との関係も考慮されうる。

　海上自衛隊員Aが，護衛艦乗艦中に自殺した事案（海上自衛隊事件・福岡高判平20・8・25労経速2017号3頁）では，直属の上司班長R_1が，「お前は三曹だろ。三曹らしい仕事をしろよ。」「お前は覚えが悪いな。」「バカかお前は。三曹失格だ。」などの言辞を用いて半ば誹謗していた点につき，これらの言辞が当該隊員を侮辱するものであるばかりでなく，経験が浅く技能練度が階級に対して劣りがちである曹候（一般海曹候補学生）出身者（曹候を修了した海上自衛隊員）であるAに対する術科指導等にあたって述べられたものが多く，かつ，閉鎖的な艦内で直属の上司である班長から継続的に行われたものであるといった状況から，指導の域を超えていたと判示した。

　他方で，R_2班長も，Aに焼酎の持参を促すものと受け取られかねないような発言をしたり，Aおよび別の士長に対し「ゲジ2（原文ママ）がそろっているな」といったり，Aを「（焼酎の名称を用いて）百年の孤独要員」といったことがあり，またA一家を自宅に招待した際，「お前はとろくて仕事ができない。自分の顔に泥を塗るな」などと述べていた。しかし，R_2とAは良好な関係にあったことが明らかであり，Aが2回にわたり，自発的にR_2に焼酎を持参したこと，R_2はAの乗艦勤務を推薦したこと，Aが3回目に焼酎を持参するといった際，返礼の意味を込めてA一家を自宅に招待し歓待したこと等の事情から，裁判所は，客観的に見て，R_2はAに対し好意を持って接しており，そのことは平均的な者は理解できたし，Aもある程度はこれを理解していたから，R_2の言動はAないし平均的な耐性を持つ者に対し，心理的負荷を蓄積させるようなものではなく，違法性はないと認定した。

　すなわち，同じ発言であっても，発言の受け手に対して好意的に接している者（そして受け手の側も，自分を好意的に見てくれていると認識している者）から発言されるのと，そうではない者から発言されるのとでは，受ける心理的負荷の程度は異なるのであり，違法性の評価にあたっては，かかる関係性も考慮される。よって，パワハラを主張された企業としては，問題とされている発言の当事者間の従前の関係を調査することも重要となる。

(c) マタハラの場合
(i) 言動の背景

　マタハラにおいては，その言動自体は，妊娠・出産や育児休業・介護休業に対する嫌がらせであり，使用者としても争う余地はないが，ここでも，その言動に至った具体的経緯や理由を十分に検証する必要がある。すなわち，妊娠・出産・育児という状況は，従前と異なり，十分に労務提供ができず，また突発的に遅刻・早退，欠勤等が生じうることになる。これは，現場を預かる上司や同僚の立場からすれば，仕事を指示しにくくなるし，当該労働者が仕事を処理できない分は，周囲の同僚が負担せざるを得なくなる。もちろん，頭では出産・育児が重要なことであることは理解しているが，負担を抱えることになった不満をつい口に出してしまうということもないわけではないのである（特に，当該労働者が妊娠前から仕事の能率や質が良くなかった場合にはなおさらである）。

　これらの主張を裏付ける事実関係としては，以下のものが考えられる。

- 行為の態様
- 加害労働者の職務上の地位・年齢
- 被害労働者の年齢
- 加害者・被害者のそれまでの関係
- 当該言動の行われた場所
- 当該言動の反復・継続性
- 被害労働者の対応等

　ツクイほか事件・福岡地小倉支判平28・4・19労判1140号39頁は，上司が妊娠した女性労働者に対し，「仕事として一生懸命していない人は働かなくてもいいと思っている。」「ほかの人だって，病気であろうと何であろうと，仕事になったら，年齢も関係ないし，この時間を費やすことに対しての対価をもらうのだから，特別扱いは特にするつもりはない。」「妊娠がどうのとか関係なく，最近の自分の行動，言動，注意されていたことをもう1回思い出してもらって取り組んでもらって，それで改善が見えない限りは，更新はありません。」「体調が悪いときはいってくれて結構だが，妊婦として扱うつもりはない。」など

と発言したことが問題とされた。裁判所は，これらの発言につき，できる範囲で創意工夫を求める指導をする趣旨であり違法な目的とはいえないとしつつも，労働者が妊娠を理由として業務の軽減を申し出ることが許されないかのような発言をしたことは，必ずしも肯定的でない原告に対する評価を前提としても，妊娠していることを理由にすることなく，従前以上に勤務に精励するよう求めているとの印象，ひいては，妊娠していることについての業務軽減等の要望をすることは許されないとの認識を与えかねないもので，配慮不足であり労働者の人格権を侵害するものとして，当該上司および使用者の損害賠償責任を認めた。

したがって，使用者としては，マタハラの言動があったか否かの事実関係だけでなく，こうした言動に至る経緯についても，ヒアリング等で事情を確認し，主張・立証する必要がある。

2 被害労働者に対する不利益取扱いに関する訴訟

前述したとおり，ハラスメントにおいては，いわゆる不利益取扱いの禁止に違反するものもある。セクハラ，マタハラにおいては，法律上も不利益取扱いが明文で禁止されているし，パワハラにおいても，嫌がらせのために不利益処分を科すことは違法である。そのため，被害労働者からは，被った不利益の回復を求めて訴訟を提起することがある。

(1) 訴訟の類型と判断基準

不利益取扱いに関する訴訟の類型としては，当該処分が行われなかった場合に得ていたであろう地位に現在もいること，すなわち地位確認請求訴訟という類型が考えられる。また，賃金や賞与が減額された場合には，未払賃金請求訴訟として提起されることもある。もっとも，これらの不利益取扱いも，つまるところはハラスメントとして不法行為を構成するため，不法行為に基づく損害賠償請求がなされることもある。

これらの訴訟類型において用いられる判断基準は，どのような不利益取扱いがなされたかによって異なる（ここでは，損害賠償請求以外の類型について紹

① 地位確認請求訴訟

地位確認請求訴訟において最も典型的かつ頻繁に見られるのは、解雇の無効を理由とする労働者としての地位確認請求訴訟である。この場合は、解雇の効力が問題となるため、「客観的に合理的な理由と社会通念上の相当性」が存在するかが判断基準となる（労働契約法16条）。

次に、配置転換の場合には、原則として人事権の裁量が広く認められ、「業務上の必要性が存しない場合又は業務上の必要性が存する場合であっても、他の不当な動機・目的をもってなされたものであるとき若しくは労働者に対し通常甘受すべき不利益を著しく超える不利益を負わせるものであるとき」に権利濫用になるとされる[55]。人事権の行使に基づく業務命令としての自宅待機命令や、人事評価等も、基本的にはこの判断基準に基づいて判断される。もっとも、ハラスメントの目的で配転する場合には、「不当な動機・目的」をもってなされたと判断されることになろう。

さらに、賃金の減額をともなう降格・降給については、一般的には、役職位を下げるのみの降格であれば、上記人事権の行使の一環として評価することが可能であるが、基本給の引き下げ等をともなうものである場合には、そもそも就業規則等に降格・降給の方法が明記されていることが前提として必要である。そのうえで、著しく不合理な評価により降格・降給すれば、人事権の濫用と評価される可能性がある[56]。

② 未払賃金請求訴訟

未払賃金請求訴訟の場合にも、基本的には、減額された理由が正当であるか否かを判断することになるため、降格・降給による減額の場合には、当該降格・降給に合理性が認められるか、賞与減額等であれば、どのようなルールに則って減額がされるのか、当該ルールは果たして不利益取扱い禁止の趣旨に照らして適法といえるか等について検討することになる。

---

[55] 東亜ペイント事件・最判昭61・7・14労判477号6頁。
[56] 以上につき、菅野和夫『労働法（第11版補正版）』（弘文堂、2017年）683頁。

(2) 主張・立証上のポイント

　不利益取扱いに関する訴訟における主張・立証においては，まず不利益取扱いがあったといえるか否かが争点となるが，解雇や降格等，明らかに不利益な事実が生じている場合には，使用者としては不利益取扱いの事実については争うことが難しいことが多い（もっとも配置転換であれば，一概に不利益取扱いとはいえない可能性はある）。

　そこで次に，使用者としては，仮に不利益取扱いの事実が存在したとしても，当該不利益取扱いは，合理的な理由の下，適正な範囲で行ったこと（つまり適法であること）を，各判断基準に照らして主張・立証していくことになる。

① セクハラによる不利益取扱い

　骨髄移植推進財団事件・東京地判平21・6・12労判991号64頁では，常務理事のセクハラ（女性職員のメールアドレスを聞いて回る）・パワハラ（学歴差別的な発言等）を理事長に報告した総務部長が，虚偽の事実を報告したとして諭旨解雇されたことについて，報告内容がおおむね事実であると認め，懲戒事由に該当しないと判断した[57]。特に対価型のセクハラにおける，セクハラに対する拒絶等の反応を受けて行われる不利益処分については，前提としてどのようなセクハラの事実が存在したのかが非常に重要になるため，被害者からの損害賠償請求と同様，セクハラの事実に関する主張・立証が必要である。前掲注51・東京地判平12・3・10判時1734号140頁（東京設備会社事件）も，セクハラの事実を認定し，被害者の解雇を無効と判断している。

② パワハラによる不利益取扱い

　パワハラの場合には，パワハラ行為そのものが不利益取扱いになることも多い。そのため，主張・立証のポイントは，当該不利益取扱いが業務の適正な範囲で行われたといえるか，とりわけ，合理的な目的があるといえるかという点になる。

　前掲注23・東京地判平7・12・4労判685号17頁（バンク・オブ・アメリカ・

---

[57] なお，この裁判例では，当該総務部長はマスコミに情報を提供しており，その結果報道されて使用者の社会的信用が低下したことについて，情報管理義務違反であると認定しているものの，こうした事態に至ったのも使用者に責任の一端があるとして，結論として解雇を無効と判断している。

イリノイ事件）は，東京支店の総務課の課長クラスにあった労働者が，ラインから外れたオペレーションズテクニシャンへ降格，次いで総務課（受付）へ配転され，最終的に東京支店の人員縮小を理由として解雇されたのに対し，「人事権の行使は，これが社会通念上著しく妥当を欠き，権利の濫用に当たると認められる場合でない限り，違法とはならないものと解すべきである」と判示したうえで，オペレーションズテクニシャンへの降格は，新経営方針の徹底が急務であり組織上の高度な必要性があり，同様に降格された他の管理職も異議を唱えていないこと等より，裁量権を逸脱したものとはいえないと判断したが，受付への配転は，当該労働者を孤立させ，勤労意欲を失わせ，退職に追いやる意図の下なされたもので，裁量権を逸脱したものと判断している。

これに対し，前掲注54・東京地判平22・9・14労経速2086号31頁（ティーエムピーワールドワイド事件）は，労働者が，集団的ないじめや嫌がらせを受けており，解雇に理由がないと主張したのに対し，当該労働者が作成した日報に叱責された形跡がなく，供述も不自然であるとしてこれを否定し，むしろ，当該労働者が，上司の度重なる注意勧告にもかかわらず業務と関係ないウェブサイトを閲覧する，積極的に接客しない等の業務怠慢，重要書類を上司の確認を得ずに投函する，クレームに発展した顧客からの電話を途中で切ってしまう，重要書類を紛失するなどの深刻なミスがあったことについて，日報の記載等から事実と認定し，解雇を有効と判断した。

以上の裁判例からも，不利益となる行為がどのような経緯によって行われたのかに関する主張・立証が重要であることがわかる。これらの立証方法については，基本的には損害賠償請求の際と同様である（本節①参照）。

なお，トナミ運輸事件・富山地判平17・2・23労判891号12頁は，被害労働者を昇格させなかったことが，被害労働者の内部告発を嫌悪してなされたものであることを認めつつも，その一方で，被害労働者の反抗的な態度から，不利益な処遇には正当な評価に基づく部分も含まれていると認定し，賃金格差の7割の限度で，被害労働者の請求を認めている。このように，パワハラ事案においては，一律にパワハラか否か判断しにくい場合もあるため，使用者としては，パワハラと認められそうな事実が存在したとしても，やはりそれに至る経緯等

③ マタハラによる不利益取扱い

マタハラによる不利益取扱いについては，男女雇用機会均等法や育児介護休業法の通達の改正等より前から存在していた。前掲・最判平26・10・23労判1100号5頁（広島中央保健生協（C生協病院）事件）はその一例である。それ以外の裁判例としては，以下のものがある。

東朋学園事件・最判平15・12・4労判862号14頁では，賞与の支給基準が出勤率90％以上であるところ，産後休業の取得期間が出勤日数に加算されない制度になっていたため出勤率が90％に満たず，賞与がゼロとなった労働者について，当該90％条項が，産前産後休業の取得を抑制するもので公序良俗に反すると判断した[58]。もっとも，この事案は，賞与が全額カットになったから無効と判断されたものであり，実際に休業していた日数に応じて日割で控除されるなどされていれば，公序良俗に反しているとまではいえなかったのではないかと思われる。

これに対し，みなと医療生活協同組合（協立総合病院）事件・名古屋地判平20・2・20労判966号65頁は，産休中に師長から解任したことについて，師長解任のような降格を人事権の行使として裁量的判断により行うことは原則として許容され，強行法規に反したり，人事権の濫用にあたる場合に違法となるにすぎないものというべきであるとしたうえで，産前休業の2カ月以上前から病気休暇であったことから，産前休業を理由とする解任とはいえず，また師長就任直後に妊娠して1年以上職場を離れたことや師長のポストが限られていることからすれば，当該解任は裁量権を逸脱したものとはいえないと判断した。このように人事権の行使については比較的裁量権が広く認められる。

もっとも，前述したとおり，現在は育児休業における不利益取扱いは，解釈通達の改正により相当厳格に判断されるようになっており，同意があった場合

---

[58] 同様に，産前産後休業および育児休業で休業中の評価をゼロと査定し，成果報酬がゼロとしたことについて，使用者に，前年度の評価を据え置いたり，同様の役割グレードの平均値とする等，育休等を取得した者の不利益を回避するための措置をとるべき義務があるとして，人事権の濫用と判断した裁判例として，コナミデジタルエンタテインメント事件・東京高判平23・3・17労判1042号15頁。

であっても，ただちに適法な不利益取扱いとはみなされない。シュプリンガー・ジャパン事件・東京地判平29・7・3労経速2332号3頁は，上記解釈通達改正後の事案であるが，産前産後休業および育児休業取得後に行われた解雇について，裁判所は，解雇が妊娠等と近接していたという一事をもってただちに当該解雇が妊娠等を理由にするものと判断することは相当ではないが，「事業主が，外形上，妊娠等以外の解雇事由を主張していても，それが客観的に合理的な理由を欠き，社会通念上相当であると認められないことを認識しており，あるいはこれを当然に認識すべき場合において，妊娠等と近接して解雇が行われたときは，均等法9条3項及び育休法10条と実質的に同一の規範に違反したものとして，違法と解するのが相当」と判示した。そして，当該労働者は協調性には問題があったものの，十分な注意がされておらず，能力についてはむしろ高い評価を得ていたことから，使用者の主張する解雇事由は客観的合理的理由を欠き，社会通念上も相当とはいえないことを認識すべきだったとして，解雇を無効と判断している。

　以上のとおり，裁判例においても，改正後の解釈通達を踏まえて，厳しい判断を下すものが出ている。このことからすれば，労働者の妊娠・出産・育児休業および介護休業からの復帰に際し，何らかの不利益取扱いを行う際には，慎重な検討が必要であり，基本的には，当該労働者と十分協議して説明し，自由な意思での同意を得たうえで行うことが望ましい。その際には，同意書の取得だけでなく，説明に用いた資料，説明時の議事録や録音等を残す等，将来不利益取扱いが問題となった場合に当該同意が自由な意思に基づいて行われていることを立証できるよう備える必要がある[59]。

59　妊娠を契機とする退職の合意について，社会保険に加入できない旨の明確な説明，退職届の受理，退職証明書の発行，離職票の提供等の客観的・具体的手続が行われておらず，自由な意思に基づいて退職に合意したものと認めるに足りる合理的な理由が客観的に存在しないとして労働契約上の地位確認を認めた裁判例として，TRUST事件・東京地立川支判平29・1・31労判1156号11頁。

③ 加害労働者に対する懲戒処分に関する訴訟

(1) 懲戒処分の一般原則

職場におけるハラスメント行為の存在が疑われる場合、会社としては、まず、両当事者や同僚社員・上司・部下等からヒアリングを行い、事実関係を調査することになる。この調査の結果、加害行為があったと認定された場合には、就業規則に定める服務規律違反や企業秩序違反があるとして、加害行為を行った社員に対し、必要に応じて懲戒処分を行うことになる[60]。懲戒の範囲は、戒告から懲戒解雇まで幅広いが、この懲戒処分の内容が不当・違法であるとして被処分者から処分の無効確認訴訟を提起されることがある。

懲戒処分は、「行為の性質及び態様その他の事情に照らして、客観的に合理的な理由を欠き、社会通念上相当であると認められない場合」は権利の濫用として無効となる（労働契約法15条）。この要件は、具体的には以下の諸事情に基づき判断される。

① 就業規則の定め、処分不遡及の原則

懲戒処分をするためには、その理由となる懲戒事由とこれに対する懲戒の種類・程度が就業規則上明記されていなければならず、対象となる行為が懲戒事由に該当することが必要である。また、このような根拠規定はそれが設けられる以前の違反に対して遡って適用することはできない（不遡及の原則）。さらに、原則として同一の違反に対し重ねて懲戒処分を行うこともできない（一事不再理の原則）。

② 平等取扱いの原則

同一の規定に同じ程度に違反した場合には、これに対する懲戒処分は同一種類、同一程度であるべきとされる。したがって、懲戒処分は、自社における同様の事例についての先例を踏まえてなされなければならないのが原則である。

---

[60] なお加害労働者が出向者である場合、出向者を直接指揮命令する出向先は、出向先の就業規則に則って懲戒処分を行うことができるが、出向元も、出向先の非違行為を理由に懲戒処分を行うことができる（岳南鉄道事件・静岡地沼津支判昭59・2・29労判436号70頁）。

もっとも，昨今のハラスメント対応の重要性から，従来黙認してきた種類の行為に対し処分を行う必要も生じるが，その場合は事前に警告をする等，「不意打ち」にならないようにすることが望ましい。

③　相当性の原則

懲戒処分は，懲戒事由該当性のみで判断するのではなく，対象となる労働者の行った行為の重さに応じて行わなければならない。仮に懲戒処分が重過ぎる場合には，その点でも無効と判断される可能性がある。特にハラスメントの事案では，会社として厳しく対処しなければならないと焦るあまり，不適切行為であるとして即座に懲戒解雇等，企業外に追放する処分をしようと考えることも多いが，冷静に事案の内容を見極める必要がある。

④　適正手続

懲戒処分を実施するに際しては，事実関係を把握するための調査を行う必要がある。特に，ハラスメントの問題においては，被害労働者のヒアリングが調査の端緒となるうえ，目撃者のいない場合にはこれが事実認定における決定的な証拠ともなるため，慎重かつ適正な手続を踏む必要がある（具体的なヒアリング実施方法については，後記**第6節**参照）。

また，適正手続というためには，社内の手続も適正に実施する必要がある。企業によっては，懲戒委員会といった組織を設け，そのなかで判断するところも多いが，その場合には，懲戒委員会のルールに則って処分を決定しないと，懲戒処分自体が無効になるため，注意すべきである。

さらに，懲戒処分を実施する場合には，加害労働者に，弁解の機会を付与するべきである。弁解の機会を与えるかどうかは，法律上規定されているわけではなく（就業規則等に規定されていれば，当然実施する必要がある），与えなければただちに懲戒処分が無効となるわけではないが[61]，やはり手続の適正を考えるのであれば，処分決定前に加害労働者に弁解の機会を付与することが望ましい。

---

[61] 日本電信電話（大阪淡路支店）事件・大阪地判平8・7・31労判708号81頁は，弁解の機会を付与しなかったものの，付与すべき規定がないことや行為の悪質性（職場の内外で，上司・同僚に対し度重なる恐喝，脅迫，強要，いやがらせ電話を行ったこと）に鑑み，諭旨解雇処分を有効と判断した。

(2) 地位確認請求訴訟における判断枠組み

　加害労働者が使用者に対して懲戒処分の無効を主張する場合も，懲戒処分がなかった場合の地位の確認を求めることになる。訴訟においては，使用者は，上記の要件でいえば，まず，①ハラスメントの行為の存在，および，②それが就業規則上のどの懲戒事由に該当するかについて主張・立証することで，当該懲戒処分に「客観的に合理的な理由」が存在することを示し，また，③ハラスメントの行為の違法性の評価，④手続が適正に行われていることを主張・立証することで，「社会通念上の相当性」が認められることを示すことになる。このうち，①と③については，基本的な考え方としては，前記①の被害労働者からの損害賠償請求における主張・立証を，今度は使用者の立場から行うことになる。②については，就業規則が存在すれば，どの規定に該当するのかを主張・立証する。④については，どのような経過をたどって処分に至ったのかを，時系列的に主張・立証することになる（もっとも，④については，加害労働者から適正手続違反を主張されない限り，積極的に主張・立証しないこともある）。

(3) 主張・立証上のポイント[62]

① セクハラを理由とする懲戒処分

(a) セクハラ行為の存否

　まず，セクハラの事実そのものの存否に関する立証が重要となる。前述のとおり，ハラスメントの立証には，被害者・加害者の供述のみならず，目撃者等による説明，電子メールやSNSによるメッセージ，日記・ノート，録音等の客観的証拠が重要となるが，特にセクハラの存否の判定において直接の証拠や証人が存在しないケースにおいては，結局，被害者と加害者の供述の信用性の優劣により判断することとなる[63]。かかる場合，被害者からの申告のみに依拠して，安易に懲戒処分を行うと，訴訟において当該セクハラ行為そのものの立証ができず，懲戒処分が無効となるおそれがある。

62　マタハラを理由とする懲戒処分は事例がほとんどなく，基本的にセクハラに対する懲戒処分で包摂されると考えられるため，ここでは触れない。

63　前掲注45・秋田県立農業短期大学事件・仙台高秋田支判平10・12・10労判756号33頁。

新任女性准教授に対するセクハラを理由に減給処分となった男性教授が，その懲戒処分の有効性を争ったP大学（セクハラ）事件の第1審[64]では，セクハラと主張された言動のうちごく一部についてメールがあった以外は女性および男性の証言内容のみが証拠であったが，証言およびメールの内容から，女性が主張するような教授の言動（セクハラ）があったとまでは認めることができないとして，懲戒処分を無効と判断した。しかし，同事件の控訴審判決[65]は，女性准教授と男性教授の証言の信用性を，その具体性・迫真性，自然性，セクハラ被害者の心理状態等を踏まえて改めて検証した結果，女性が主張するセクハラ言動の存在を認め，懲戒処分を有効と判断した。

音大の准教授の学生に対するセクハラに関し懲戒解雇が行われた事案[66]では，被害者である学生の供述が大学のハラスメント防止対策委員会および懲戒委員会における事情聴取から当該訴訟に至るまで，供述内容に変遷がなく，一貫していること，師弟関係を考慮すると学生の供述内容は不自然であるともいえないこと，他方で，懲戒解雇となった准教授の供述（学生の演奏技術にいら立ちを感じながらも，休憩中に，学生に対して別のオペラのピアノ伴奏の仕事を勧め，しかしその後，これを直ちに取り上げるに至った経過）は，極めて不自然であることなどから，裁判所はセクハラの存在を認定し，懲戒処分を有効と判断した。

これらの事案からもわかるとおり，特に客観的証拠がないケースでは，使用者としては，懲戒処分を行う前に両者の証言内容を，自然性，一貫性，具体性・迫真性，セクハラ被害者の心理状態等を踏まえて検証し，セクハラ行為が実際に存在していたのかを確認することが重要となる。

(b) **セクハラ行為の違法性および懲戒処分の程度**

次に，ハラスメント行為の違法性の判断およびこれに基づく懲戒処分の程度については，セクハラ行為の態様の悪質性・重大性，被害者の身体的・肉体的苦痛の程度，両者の地位・職場等における関係性，加害者の従前の懲戒処分歴（同種・異種）や他の不正行為の有無，さらには事情聴取に対する対応（反抗

---

[64] 大阪地判平23・9・16労判1037号20頁。
[65] 大阪高判平24・2・28労判1048号63頁。
[66] 学校法人甲音楽大学事件・東京地判平23・7・28労経速2123号10頁。

的か，反省の有無等），使用者の名誉と信用への影響等を考慮して判断すべきである。

たとえば，被害者の意に反して胸や足を触る，キスをする，抱きつくといった強制わいせつや意に反する性交渉の強要等の悪質・重大な態様であった場合には，懲戒解雇が認められる可能性は高い[67]（もっとも，同意の有無については，当事者の証言や従前からの関係等を十分に検証する必要があることは前述のとおりである）。

他方で，態様自体は強制わいせつとまではいえない事案においても，過去にセクハラ行為で注意や懲戒処分を受けていた事実の有無，加害者と被害者の立場・力関係，他の不正行為の有無等その他の事情を総合的に考慮した結果次第では，懲戒解雇やこれに準ずる普通解雇等が有効と認められることもある[68]。

被害者の肉体的・精神的苦痛に関しては，当然，態様が悪質であるほど，また両者の力関係が大きいほど，通常，被害者の苦痛も大きくなるが，たとえば被害者が加害者に対して好意を抱いていたような事案では，胸等を触る行為であっても懲戒解雇が無効とされるケースはある[69]。

両者の地位や職場における関係性の点では，両者の間に強い上下関係が認め

---

[67] セクハラ行為者に対する懲戒解雇が認められた事案として，O観光事件・大阪地判平12・4・28労判789号15頁（脚や胸を約1時間半にわたり触ったうえ，背後からいきなり抱きつく，ホテルに行こうと誘う等した事案），富士通エフサス事件・東京地判平22・12・27判タ1360号137頁（部長が女性部下に対し，ホテルの客室でキスをしたり，腹・太もも・胸等を触る等した事案）等がある。

他方で，懲戒解雇が無効とされた事案として，Y社（セクハラ・懲戒解雇）事件・東京地判平21・4・24労判987号48頁（支店長兼取締役が，女性社員に対し，宴会席上や日常において，「胸が大きいな」「犯すぞ」などのセクハラ発言をしたほか，手を握ったり肩を抱いたりした事案），クレディ・スイス（懲戒解雇）事件・東京地判平28・7・19労判1150号16頁（同僚女性に対し枕営業をしているのか等尋ねた事案）がある。

[68] A製薬（セクハラ解雇）事件・東京地判平12・8・29労判794号77頁（管理職者が，女性の部下6名に対し性的言動を繰り返し，複数回食事に誘い，また男性部下に対し，夜だけ相手をしてくれる女を紹介してくれ等と発言した事案）では，部下を困惑させ，就業環境を著しく害するものであると評価したうえで，被害者の多さ，加害者の地位，セクハラに対する会社の従前の取組み，加害者が管理職としてセクハラ等のない職場の提供の第一義的な責任者とされていたこと，調査に対し加害者が真摯な態度を示さず，告発者探し的な行動をとったこと等を考慮し，通常解雇には合理性があると判断された。

[69] 学校法人A学院ほか事件・大阪地判平25・11・8労判1085号36頁等。

られるほど，重い懲戒処分も有効となりやすく（前掲・L館事件），逆に同僚のような関係の場合は重い処分は無効となりやすくなる[70]。加害者の職場における地位が高い場合（会社代表者，大学教授等）には，その分だけ使用者の名誉と信用を棄損する程度も高く，重い懲戒処分も有効と認められやすくなる。

前掲・L館事件・最判平27・2・26労判1109号5頁は，複数の女性従業員（派遣社員を含む）らに対して性的な発言等のセクハラを1年以上繰り返していた上司2名（営業部マネージャー，および営業部課長代理）が，それぞれ30日間と10日間の出勤停止の懲戒処分を受け，懲戒処分を受けたことを理由として降格処分となった事案において，懲戒処分・降格処分のいずれも権利の濫用であって無効であると判示した原審（大阪高判平26・3・28労判1099号33頁）の判断を覆し，以下のとおりいずれも有効であると判示した。

① 各発言内容は，いずれも女性従業員に対して強い不快感や嫌悪感，屈辱感等を与えるもので，職場における女性従業員に対する言動として極めて不適切であって，その執務環境を著しく害するものであり，その職責や立場に照らしても著しく不適切であるから，各出勤停止の懲戒処分が重きに失し，社会通念上相当性を欠くとはいえない。

② 社員が懲戒処分を受けたことを独立の降格事由として定める上告人会社の資格等級制度規程の趣旨は，社員が企業秩序や職場規律を害する非違行為につき懲戒処分を受けたことに伴い，かかる秩序や規律の保持それ自体のための降格を認めるところにあるから，現に非違行為の事実が存在し懲戒処分が有効である限り，その定めは合理性を有する。本件の出勤停止懲戒処分は有効であるから，当該上司らを1等級降格したことが社会通念上著しく相当性を欠くとはいえず，人事権の濫用とはいえない。

L館事件では，会社はセクハラを許さない旨の文書を従業員に配布し，これを職場にも掲示していたにもかかわらず，営業部マネージャーの男性は，女性従業員B（派遣社員）が1人で勤務している際に，自らの不貞相手に関する性的な事柄や自らの性器，性欲等についてことさらに具体的な話をするなど，極めて露骨で卑猥な発言を繰り返しており，また，営業部課長代理の男性は，従

70　前掲注69・大阪地判平25・11・8。

前，上司から女性従業員に対する言動に気を付けるよう注意されていたにもかかわらず，従業員Bらが未婚であることなどをことさらに取り上げて侮辱的ないし下品な言辞で同人らを侮辱または困惑させる発言を繰り返し，派遣社員であるBの給与が少なく夜の副業が必要だなどと揶揄していた。

最高裁は，判示にあたり，当該上司２名が，セクハラ防止の研修を受けていただけでなく，管理職として，セクハラ防止のために部下職員を指導すべき立場にあったにもかかわらず，１年あまりにわたって上記のような多数のセクハラ行為を繰り返したことを重視した。

そして，原審が重視した「従業員Bから明白な拒否がなく，当該上司らはセクハラ行為を同人から許されていると誤認していた」という点については，被害者が内心著しい不快感等を抱きながらも，職場の人間関係の悪化等を懸念して，加害者に対する抗議や抵抗，会社に対する被害申告を差し控えることは少なくなく，またセクハラ行為の内容に照らせば，被害者から明白な拒否がなかったことを加害者に有利に斟酌することはできないとした。

また，L館事件の原審は，当該上司らが懲戒処分を受ける前にセクハラに対する懲戒に関する会社の具体的な方針を認識する機会がなく，事前に会社から警告や注意等を受けていなかった事実を，上司らに有利に斟酌したが，最高裁は，当該上司らは管理職であったから，セクハラの防止やこれに対する懲戒等に関する会社の方針・取組みを当然認識すべきであったとし，加えて，各セクハラ行為の多くが第三者のいない状況で行われており，被害者から被害の申告を受ける前の時点において，会社がセクハラ行為および被害を認識して警告や注意等を行いうる機会があったことはうかがわれないとして，この点を当該上司らに有利に斟酌しなかった。

さらには，事情聴取の際に，反抗的な言動を取ったり告発者探し等を行ったりした場合にも，より重い懲戒処分の有効性の根拠となる[71]。

使用者としては，上記の事情を総合的に判断し，どの程度の懲戒処分を下す

---

[71] 前掲注67・大阪地判平12・4・28（O観光事件）（事情聴取に反抗的であったことに加え，責任回避のため，事情聴取をした部長に対し，「自分こそ言葉でセクハラしているやないですか。ビラまいたろか」と脅迫にまで及んだ事案），前掲注68・東京地判平12・8・29（A製薬（セクハラ解雇）事件）等。

のか判断する必要があり，また，将来，被処分者から訴訟を提起された場合に備え，判断に至った経緯も詳細に記録として残す必要がある。

　　(c)　適正な手続
　前述のとおり，懲戒処分を下すにあたっては，事実関係を把握するための調査や事前に定められた適正な手続を踏むことが重要である。特に，社内に懲戒委員会等が設置され，その運用ルールも定められている場合には，当該ルールにのっとって手続を進める必要があり，事案が重大であるからといった主観的な理由だけで手続を無視して処分を進めることは懲戒処分そのものの有効性が否定されることにつながる点に留意すべきである。
　また，前述のとおり，弁解の機会の付与は必ずしも求められているものではないものの，懲戒解雇等の重い処分を下す場合には，これを与えないことが懲戒解雇の無効を基礎付けることになりうる点に注意が必要である。
　京都市（北部クリーンセンター）事件・大阪高判平22・8・26労判1016号18頁では，セクハラに基づく懲戒免職処分という重い処分に際しては，特段の事情がない限り，処分の理由となる事実を具体的に告げ，これに対する弁明の機会を与えることが必要であるとし，防御の機会が与えられていない場合には，処分理由とすることが許されないと判示した。同事件で，裁判所は，セクハラ事案の場合，それまでの両者の関係や当該発言の会話全体における位置付け，当該発言がされた状況等も考慮する必要があり，加害者が発したとされる性的発言内容はもとより，その日時をできる限り特定し，発言を受けた相手方の氏名を示す必要があると判示している。
　なお，セクハラ事案（特に強制わいせつや強姦にまで至らないケース。強制わいせつや強姦等であれば，被害申告自体が虚偽でない限り，加害者にとっても被害者が誰であるかが比較的明確なケースが多い）においては，被害にあった労働者が，当初の相談時や調査時に，自分の氏名は相手には明かさないでほしいと述べることも多く，その後の調査の進め方に苦慮する使用者も多い。かかる場合の対応については後記第6節3(2)および4(1)で詳述するが，被害者が，加害者の処分は望まない，自分の氏名や申告をした旨も加害者には明かさないでほしいと述べた場合，被害申告者の意思やプライバシーの尊重と同時に，使用者としての職場環境配慮義務，被害内容の程度等も考慮し，場合によっては，

被害者を説得し，被害者の氏名等も明かしたうえで，全体の調査および加害労働者の処分を検討する場合もあることに留意が必要である。

② パワハラを理由とする懲戒処分

(a) パワハラ行為の存否

パワハラ行為を理由とする懲戒処分については，セクハラを理由とするケースと比べると，ハラスメント行為そのものの存否が争われるケースはさほど多くはない。その理由は，密室で長時間の叱責や暴行が行われたというケースを除けば，パワハラ行為は多かれ少なかれ周囲の労働者も気付くことが多いこと（密室での長時間の叱責についても，勤務時間中に上司と部下が長時間離席して何かを話し合っているといった事実は周囲が気付くことがある）と，暴行等であれば診断書等で客観的に判断がつくことにあると思われる。

もっとも，パワハラ行為を理由とした解雇が無効と判断された事例も存在しており，たとえば，T運送事件・大阪地判平22・1・29労判1003号92頁では，他の女性従業員をいじめ等の陰湿な行動によって退職に追い込んだこと等を理由に解雇された事案において，原告は，いじめを受けたとの苦情にかかる事実を否定し，あるいは，当該事実が歪曲されていると主張していること，苦情に関する事実の真偽につき，使用者が原告や他の職員に対して確認する作業を行っていないこと，原告のすぐ隣の席で執務をしていた部長も，当該苦情に関して原告に注意指導等を行ったとは認められないことなどから，原告の言動に多少配慮の欠ける点があったことは否定できないものの，いじめ等の行為を行っていたとまでは認められないとして，このことを理由とした解雇を無効と判断した。

セクハラの場合と同様であるが，パワハラの事実認定にあたっては，使用者は被害者・加害者および周囲の従業員等から十分なヒアリングを行い，メール等の客観的証拠の有無なども確認したうえで慎重に判断することが求められる。

(b) パワハラ行為の違法性および懲戒処分の程度

パワハラとされる言動については，業務と明らかに関連がないセクハラと異なり，業務上の必要性との関係で違法性の判断が困難なケースが多く見られる。

前述（第3節②）のパワハラ6類型のうち，身体的な攻撃，人間関係からの切り離し，個の侵害の類型に関しては業務上の必要性は基本的に認められない

ため，かかるパワハラ行為の違法性自体は比較的明らかとなりやすい。

しかし，精神的な攻撃のなかには，業務上指導の必要があり，指導が行き過ぎた結果，厳しい言い方になったケースもありうるし，過大な要求および過小な要求の類型に関しては，上司が部下の能力や職場全体の業務状況・業務配分等を考慮し，業務上の必要性があると判断したうえで行っていたり，少なくとも客観的には業務上の必要性があると思われるケースも多い。

業務上指導や業務の再配分につき業務上の必要性が認められる事案においてまで上司を懲戒処分に処していては，職場において必要な業務指導を委縮させる効果を生みかねない。したがって，パワハラ事案において懲戒処分を検討する場合には，加害者とされている上司の責任を安易に認めることなく，その違法性・加害行為の重大性を慎重に判断する必要がある[72]。

そして，パワハラとされた言動の背景（被害者の能力，発言内容，業務の配分の程度，指導内容等）を総合考慮したうえで，なお，違法性が高いと判断し懲戒処分を行う場合には，その判断に至った過程を詳細に記録として残すことが重要となる（もちろん，ヒアリング等の結果，過大・過小な要求の事案であっても，単なる嫌がらせ目的で行われている場合もあり，このような場合には，違法性は明らかであるし，当該パワハラを理由とする懲戒処分も有効となりやすい）。

(c) 適正な手続

パワハラについても，セクハラの場合と同様，事実関係を把握するための調査や事前に定められた適正な手続を踏むことが重要である。懲戒解雇等の重い処分を下す際には，弁解の機会の付与も重要な要素となる点に配慮が必要である。

---

[72] 河野臨牀医学研究所事件・東京地判平23・7・26労判1037号59頁では，後輩に対し，「1年近くやっているんだから，さっさと終わらせろ」と苛立った様子で述べる，当該後輩がシステムの納入業者の担当者と連絡を取り合い，背任行為の片棒を担いでいるなどと罵る，後輩が事務長から命じられて各部署とのヒアリングを行っていたことについて，「君はどういった権限でそのようなことをこそこそとやっているんだ」「これ以上そのような行動をとるなら宣戦布告するからな」と述べる，「事務長の犬が」などと罵るなどした事案につき，先輩職員からの指導というレベルを逸脱し，個人攻撃の域に達していることは明らかであるとして，パワハラ該当性・懲戒事由該当性を認めている。

4 訴訟における和解の可能性

　他の労働訴訟と同様，ハラスメントに関する訴訟においても，裁判官から和解に関する打診がなされ，また実際に和解が成立することも相当数見られる（訴訟に至る前に和解が成立することも多い）。

(1) 被害労働者との和解

　被害労働者からの損害賠償請求訴訟や不利益取扱いの無効を求める地位確認請求訴訟においては，ハラスメントの事実が認められる場合にはもちろん，ハラスメントの事実を争っている場合にも，早期に和解することは，コストの観点や，レピュテーションの観点から，相応のメリットはあるものと思われる。

　和解の内容としては，損害賠償や不利益取扱いに関するものであるから，基本的には金銭解決になると思われ，双方で金額を提示しあって交渉することになる。

　また，被害労働者との和解の場合には，被害労働者から使用者に対し，謝罪を求めてくることがある。この点，和解する場合には，使用者も敗訴したわけではない以上，ハラスメントの事実を争っているにもかかわらず謝罪する必要はないと思われるが，早期和解を目指す場合には，経営者の政治的な判断として，「遺憾の意を表明する」といった文言を入れることは考えられる。

　さらに，被害労働者としては，自分だけでなく，他の同僚も同じ被害を味わってもらいたくないという思いから，使用者に対し，和解条件としてハラスメント防止に関する環境の整備を求めてくることもある。この点については，使用者としても，環境が未整備であれば整備したほうが望ましいことは明らかであるから，応じられる範囲で譲歩することも考えられる[73]。

---

[73] 報道によれば，妊娠による無給休職をマタハラと主張して休職命令の無効と未払賃金を求めた事案で，使用者（航空会社）が，妊娠した客室乗務員のうち希望者を全員地上勤務とすること等を内容とする和解を行ったとのことである。また，東京都の都立高校校長によるセクハラの裁判で，東京都が教職員の服務の厳正化や保護者向けセクハラ窓口の設置を約束する内容の和解が成立している。

(2) 加害労働者との和解

　被害労働者と異なり，加害労働者は，使用者が客観的合理的な理由と社会通念上の相当性が認められると考えて実施した懲戒処分の効力を争ってくる者であるから，使用者側の立場としては，安易に和解に応じることに抵抗を感じることも多い。ただ，加害労働者との訴訟を長期間にわたり継続することは，コストがかかるうえ，仮に使用者が勝訴したとしても，当該懲戒処分が適法であることが認められただけで，何か得るものがあるわけではない。逆に，判決に至った場合には，敗訴するリスクも皆無ではない。こうした点を踏まえると，紛争の早期解決およびコストの抑制という観点から，加害労働者との和解に応じることは検討の余地があるものと考えられる。

　加害労働者の懲戒解雇に関するものであるときは，原則として退職を前提とする金銭解決の和解を検討することになる。また，懲戒解雇や諭旨解雇に至らない程度の懲戒処分の効力が争われている場合でも，ハラスメントを行った事実や，その後使用者を相手として訴訟を提起している事実に鑑みれば，労使間の信頼関係が失われていると考えられるため，やはり退職を前提として金銭を支払う和解条件を提示することも考えられる。もっとも，加害労働者側があくまでも懲戒処分の撤回や復職を求める場合には，こうした条件での和解は困難となる。

第6節 ハラスメント被害が発覚した際の対応方法

1 ハラスメントへの対応手続と訴訟実務

　これまで見てきたとおり，ハラスメントが発生した場合には，使用者において事実関係を調査してハラスメントの事実の有無を判断することになるが，このプロセスが訴訟上も争点の一つとなることがある。すなわち，被害労働者から損害賠償請求訴訟が提起された場合には，使用者の職場環境整備義務違反の有無やハラスメントの有無が問われることになるため，使用者における，ハラスメント防止のための体制や発覚した後の調査体制，さらには調査が適切に行われ，事実がきちんと把握されたかが問われることになる。また，加害労働者が懲戒処分の無効確認訴訟を提起した場合にも，ハラスメントの事実が適切な調査によって確認されたのかが争点となる。そこでここでは，ハラスメントへの対応手続と訴訟実務について概説する。

2 使用者における措置義務

(1) 措置義務の内容

　男女雇用機会均等法は，セクハラに関し，また育児介護休業法は，マタハラに関し，それぞれ「当該労働者からの相談に応じ，適切に対応するために必要な体制の整備その他の雇用管理上必要な措置を講じなければならない。」と規定し（男女雇用機会均等法11条，育児・介護休業法25条），使用者に対する措置義務を定めている。

　上記措置義務の内容は，具体的には指針によって，以下のとおり定められて

いる[74]。

① **事業主の方針の明確化およびその周知・啓発**

具体的には，就業規則，社内報，社内ホームページ等でハラスメントの内容およびハラスメントがあってはならないこと，さらにはハラスメントを行った場合には厳正に対処すること等について明記し，労働者に周知・啓発することがある。また，研修等によって，労働者に周知・啓発することも含まれる。

② **相談（苦情を含む）に応じ，適切に対応するために必要な体制の整備**

相談対応のための窓口を設け，また状況に応じて適切に対応することができる担当者を設置することがその内容である。特に，ハラスメント窓口での対応が不適切な場合には，かえってハラスメントのトラブルが拡大し，被害者の感情を悪化させることがあるので，担当者が適切な対応をしていることは，使用者の職場環境整備義務を判断するうえでも重要である。相談を受けた場合の対応マニュアルを作成していることなども有用な証拠となる。

③ **事後の迅速かつ適切な対応**

ハラスメントに関する相談が寄せられた場合には，使用者は，事実関係を迅速かつ正確に確認し，事実が確認できた場合には，被害者に対する配慮のための措置（メンタル不調への対応等）を適切に行うこと，行為者に対する懲戒処分等を適切に行うこと，再発防止のための対策を講じること（さらなる研修，周知のためのパンフレットの配布等）等が必要とされる。

また，そのほかにも，相談者・行為者のプライバシーの保護，相談等を理由とする不利益取扱いの禁止の周知・啓発なども必要とされる。

(2) 主張・立証上のポイント

これらの措置義務のうち，就業規則上の明記や研修の実施，相談窓口の設置

---

74 「事業主が職場における性的な言動に起因する問題に関して雇用管理上講ずべき措置についての指針」（平成18年厚生労働省告示第615号），「事業主が職場における妊娠，出産等に関する言動に起因する問題に関して雇用管理上講ずべき措置についての指針」（平成28年厚生労働省告示第312号）参照。また，前掲・パワハラ報告書（**第3節**[1]参照）においても，事業主が講じる対策として，上記セクハラ・マタハラにおける措置義務と同内容が挙げられている。

などについては，問題になったときに実施していなければ，後になってこれを実施したとしても手遅れである。したがって，訴訟対応という観点からも，できるだけ早期に規定の改正や研修をしておく必要がある。

　実際の訴訟においては，ハラスメント禁止規定が明記されている就業規則，相談窓口について周知されたメールやパンフレット，研修を実施した際のレジュメ，参加者の名簿（加害者が参加していたか否か）等を証拠として提出することになる。

③　相談における対応

(1)　被害者への慎重な対応が求められる

　ハラスメントの被害者は，精神的に深いダメージを受けているうえ，自らのハラスメント体験を他の者に相談すること自体，非常にハードルが高く，大きなことと考えることが多く，相談を受けた者がこれを雑に扱うと，かえって「使用者は味方になってくれない」「使用者は敵である」と考え，紛争に発展する可能性が高くなるし，この点も被害者からは，職場環境整備義務違反の一事情として主張されることになるため，注意する必要がある。

　特に注意する必要があるのが，加害者から被害者への安易な謝罪である。ハラスメントの相談を受けた場合，受けた者が早期解決を考えて，加害者に状況を説明し，加害者から被害者に対して謝罪をさせ，一件落着を図ろうとすることがある。しかし，被害者が加害者と関わりを持ちたくないと考えていることもあり，謝罪されることすら望んでいないこともありうる（特にセクハラの場合，被害態様によっては，加害者の顔を見たり声を聞くだけで，あるいは名前を見るだけでも恐怖や嫌悪感を覚えることも大いにありうる）。この場合に謝罪の場を設けることは，ハラスメントの問題解決にはつながらず，むしろかえって問題を大きくし，使用者の配慮不足の事情の一つとして主張される可能性がある。謝罪をするか否かについても，被害者の意向を確認しつつ，慎重に対応するべきである。

(2) 相談時の留意点

① 話を傾聴する

　前述したとおり、ハラスメントの被害者は、本来話すことすらためらうような事情を告白しなければならない（こうした嫌な体験を話すこと自体、精神的な苦痛を感じる）。そのため、相談を受ける側としては、できるだけ相談者が話をしやすいように仕向ける必要がある。そのためには、まず、「話を聞く」姿勢が重要である。途中で遮ったり、「なんでそんなことをしたのか」と詰問する、あるいは「こうすればよかったんじゃないか」などと安易な解決策を示すのではなく、大変な思いをしたことについて共感を示すことが重要である。また、話しにくいことを話すため、時間がかかることもあるが、無理に急かさず、相手が話すのを待つ姿勢が望ましい。

　ただし、話を傾聴することを超えて、被害者の要望に対して安易な約束等を行うこと（たとえば、加害者に対して何らかの懲戒処分を行うと約束する等）も現に慎むべきである。加害者とされた者や周囲の従業員へのヒアリング等の結果、実際には被害者が主張するような事実はなく、あるいは、事実はあったとしても、業務の適正な範囲内の言動であり違法性がないと思われるケースもしばしばあり、そのような場合に、加害者に対する処分等の約束をしていると、そのこと自体がさらなるトラブルを招くことになりかねない。

② 威圧感を与えない

　職場におけるハラスメントは、セクハラ、パワハラ、マタハラのいずれの類型であれ、職務上の地位や上下関係が多少なりとも影響しているため、相談する被害者としては、相談することで職務上の不利益や報復措置を受けることを何よりも恐れている。また、1対1で相談をした場合には、相談した相手に相談内容をもみ消されるのではないかとの不安も常に抱えている。

　そこで、相談を受ける際には、職務上、相談者に対して直接影響力を有し得ないハラスメント相談窓口の担当者や人事・管理部門の担当者等、公平な立場の者が対応にあたるべきである（逆に、加害者の上司等は、被害者自身にとっても上司であることが多く、その後の不利益等を懸念して、被害者が威圧感を覚えるおそれがある）。また、被害の態様や相談者の意向により1対1で行う場合を除いては、原則としては複数人で聞き取りを行うことが多い。

なお，セクハラやマタハラの事案で，かつ被害者が女性の場合，事案の性質上，被害者が話しやすくなるようなメンバー構成（女性を聴取メンバーに含める，子育てに理解のある女性社員をメンバーに含める等）を考慮する必要がある。セクハラやマタハラの事案で，女性被害者に対して男性複数名のみでヒアリングを行うと，そのこと自体が二次被害であるとの主張を容易に招くためである。

③ プライバシーに配慮する

ハラスメントの相談は，当然のことながら，被害者のプライバシーにかかわるセンシティブな情報であるから，聞いた話が外部に漏れることがないよう，最大限の配慮が必要である。相談を受ける場合にも，他人に聞かれにくい場所で話を聞くことはもちろん，本人の了解なしに他人には漏らさないことを約束し，安心感を与える必要がある。

また，対応を検討する際にも，被害者の意向を確認することが重要である。被害者としては，加害者を処分してもらいたいと考えることもあるし，反対に，職場の環境が悪くなることを嫌がり，話は聞いてもらいたいものの，何も対応はしなくて良いと考えることもある。これらの意向を無視して使用者の考えのみに沿った対応をすることは避けるべきである。

ただ，仮に被害者から，誰にもいわないでほしい（何もしないでほしい）という要望があったとしても，それをそのまま放置しておけば，ますます被害が拡大する可能性があるし（そのような事態は，被害者も本意ではないと思われる），使用者としても，明確なハラスメントの申告があったにもかかわらず何もしないで被害が拡大することは，それこそ職場環境整備義務の不履行とも受け取られかねない。また，前記第5節③(3)①(c)で述べたとおり，ハラスメントの調査の場合，被害者名を伏せたまま調査を継続することは困難なケースもある。特に，前掲・大阪高判平22・8・26労判1016号18頁（京都市（北部クリーンセンター）事件）でも指摘されているとおり，セクハラに基づく懲戒解雇処分や懲戒免職処分という重い処分を下すに際しては，特段の事情がない限り，処分の理由となる事実を具体的に告げ，これに対する弁明の機会を与えることが必要であり，加害者が発したとされる性的発言内容はもとより，その日時をできる限り特定し，発言を受けた相手方の氏名を示す必要がある。

そのため，使用者としてどの程度まで対応すべきかは，被害者の意向は尊重したうえで，慎重に検討する必要があるし，場合によっては，被害者を説得し，被害者の氏名等も明かしたうえで，全体の調査および加害労働者の処分を検討する場合もある。

(3) 主張・立証上のポイント

訴訟においては，相談に関し，被害労働者側から，相談したが誠実に取り扱ってくれなかった等の主張がなされることが想定される。相談は，基本的に口頭で行われるため，客観的な資料は存在しないことが多い。そこで，相談を受けた場合には，ただちに詳細な議事録を作成することが重要である（録音があればなおよい）。時間が経過して問題が顕在化した後に議事録を作成しようと思っても，記憶が薄れていることもあり，信用性に疑義が生じる可能性があるため，できるだけ相談直後に作成しておく。また，何気ない言葉一つで被害者が態度を硬化させてしまうといったこともあるため，「どのような内容の相談だったか」だけでなく，実際の会話（どのような話を，どのような表現でやり取りしたのか）を記録しておくことが重要である。

4 適正な調査手続

相談を受けたら，使用者は，被害労働者の事実認識に基づいた調査を実施する。この調査の結果，ハラスメントが認定されれば，加害者を懲戒処分する場合の根拠資料となるし，ハラスメントが認定されなかった場合には，被害者から損害賠償請求が提起された場合に，ハラスメントの存在を主張する被害者に対する反論の根拠となる。そのため，この調査においてどのような事実が認定されたのか（あるいは認定されなかったのか），調査が適正な手続でなされたかが，争点の一つとなりうる。

(1) 調査の順序

調査においては，まずは，確実な証拠，すなわち客観的な資料の収集から行う。客観的な資料があれば，ヒアリングの際にも示しながら話を聞くことがで

き，より詳細に事実関係を確認できる。

次に，関係者のヒアリングを実施するが，この場合，加害労働者は最後に実施するのが通常である。すなわち，ハラスメントの被害を受けた場合，被害労働者としては加害労働者に恐怖感を抱き，できるだけ接触したくないと考えていることも多い。他方で，加害労働者が，被害労働者からハラスメントの申告を受けたと知った場合，被害労働者と接触・謝罪して穏便にすませようと試みたり，逆に威圧し，申告を取り下げるよう迫ったりすることがある（そのような事態に至れば，二次被害が発生し，これも使用者の職場環境配慮義務違反が問われることになる）。以上を考えると，ハラスメントの調査においては，ほかの証拠や証言を固めたうえで最後に加害労働者から話を聞き，ヒアリングが終了したら，その後は自宅待機を命じる等して，被害労働者と加害労働者の接触を極力回避するよう努めることが望ましい。

なお，ヒアリングを実施する際には，被害労働者のプライバシー保護の見地から，加害労働者はもちろん，関係者に対しても，誰から申告を受けたかはいわず，またヒアリングを受けたことやヒアリングで話した内容を外部に漏らさないよう指示するべきである[75]。

(2) ヒアリング結果の証拠化

調査において事実関係を確認するとともに，客観的資料および主観的資料を収集した場合，客観的資料はもちろんそのまま証拠となるが，主観的資料は，そのままでは証拠とならないため，ここでも議事録を作成しておくことが重要である。特に事情聴取においては，録音を取っておくことは必須であり，録音を基に詳細な議事録を作成する必要がある。

また，資料を収集したら，事実認定を行い，さらに当該事実がハラスメントに該当するかどうかについて評価する必要があるが，これもそのままでは証拠となりえない。そのため，最終的には，こうした事実認定および評価の過程を

---

[75] ただ，その場合でも，状況から誰が申告したのか，事実上わかってしまうことは多く，使用者としても，これを完全に防ぐことは難しい。また，前記第5節3(3)①(c)で述べたとおり，加害者の懲戒処分，特に解雇処分を検討する場合には，申告者を伏せたまま調査を行うことは避けるべきである。

記載した報告書を作成したり，懲戒委員会等で議論された経緯を議事録に残しておき，事実認定や評価が不当と争われた場合には，その合理性を立証する証拠として提出することが考えられる。

第 **4** 章

過重労働・ハラスメントに関連する休職・解雇訴訟

　過重労働やハラスメントによって従業員が精神疾患に罹患した場合，その疾病が業務に起因するか否かを問わず，実務上は，まずは私傷病として取り扱うのが一般的である。その結果，休職期間満了によっても復職できない場合には退職（解雇）となるが，こうした退職や解雇をめぐって紛争に発展するケースも多い。また，業務起因性が認められる場合には，上記の退職（解雇）の有効性が問われるほか，労基法上の解雇制限の適用除外が認められるか，適用除外が認められたとしても，解雇として有効か，紛争になることもある。そこでここでは，過重労働やハラスメントに関連して発症した精神疾患等を理由に発生することがある解雇訴訟について，解説する。

第1節

はじめに

　これまで見てきたとおり、過重労働やハラスメントによって労働者が疾病に罹患したり死亡した場合には、労働者（遺族）側から使用者に対して、労災の申請や損害賠償請求がなされることになる。

　その一方、労働者が上記のような疾病に罹患した場合には、業務に従事することができなくなり欠勤することになる（そもそも企業においては、労働者が心身に不調を来して欠勤するようになった結果、上記の過重労働やハラスメントの実態が使用者に把握されることも多い）。この点、多くの企業においては、業務外の傷病（私傷病）に罹患した労働者に対し、休職制度を設けており、労働者が傷病により欠勤した場合には、それが労災と認定されていない限りは、まずは私傷病であることを前提に、休職を命じることが一般によく行われている。

　もっとも、私傷病休職の制度も無制限に認められるわけではないため、使用者としては、私傷病休職期間が満了になっても復職できない労働者に対し、解雇を通告したり、退職扱いとすることとなる。この場合に、当該解雇・退職をめぐって訴訟に発展することがしばしば見られる。また、実際には労災（つまり業務上の傷病）だったにもかかわらず業務外の傷病として取り扱われ解雇されると、後述する労基法違反の問題も生じることになり、この点においても訴訟に発展する可能性がある。

　そこで本章では、これまでの労災や損害賠償、懲戒処分の効力を争う訴訟とは異なり、過重労働やハラスメントに関連して生じる休職や解雇をめぐる訴訟について、概説することとする。

第2節

私傷病休職制度に基づく解雇・退職等

1 私傷病を理由とする欠勤の法律上の意味

　労働者は，使用者に使用されて労働し，賃金を支払われる者である（労働契約法2条1項）。つまり，労働者は，労働契約上，使用者の指揮命令下において労務を提供する義務（労務提供義務）を負っており，その履行の対価として賃金の支払を受けていることになる。そのため，労働者が，私傷病を理由として欠勤した場合には，労働者の責めに帰すべき事由により労務の提供ができないことになり，労働契約上の債務不履行が発生する。

　民法の一般原則によれば，契約上の債務不履行は契約解除事由になることから（民法541条），労働契約上も，使用者による労働契約の解除権，すなわち解雇権が発生するのが原則である。実際にも，多くの使用者においては，「身体または精神の障害により職務に堪えられない場合」を就業規則上の解雇事由として規定している。

　しかしながら，長期的・継続的な契約関係を前提とする労働契約関係の場合，短期間の傷病によって勤務できなかったからといって，ただちに解雇することが適切とは限らない。そこで，多くの使用者では，就業規則に「私傷病休職制度」を設けている。

2 私傷病休職の意義

　「私傷病休職制度」とは，一般的には，ある労働者の私傷病による欠勤が一

定期間に及んだときに，使用者が当該労働者との労働契約関係は維持しながら，労働義務を免除する制度である。私傷病休職制度は，法律上設置が義務付けられているわけではなく，その内容についても使用者の裁量に委ねられているが，一般的には，3カ月から6カ月程度の欠勤を経て，数カ月から1年程度の休職期間を設けるケースが多いのではないかと思われる。この休職制度に従って労働者が休職している間は，労働義務が免除されるため，労働者の債務不履行とはならず，休職期間中に傷病から回復し就労可能となれば休職は終了して職場に復職する。反対に，傷病から回復しないまま休職期間が満了してしまった場合には，休職期間満了時をもって解雇あるいは自然退職となる。以上のとおり，私傷病休職制度は，労働者に労務不提供の債務不履行が生じたとしてもただちに使用者による解雇をさせないようにするための制度，すなわち「解雇猶予の制度」であるとされている[1]。

3 休職命令を経ない解雇

(1) 休職命令を経ない解雇の効力

前記2で述べたとおり，私傷病休職制度は法律上設置を義務付けられているものではなく，休職を発令するか否かは，使用者の裁量に委ねられているのが原則であり，理論上は，私傷病を理由とする欠勤が長期にわたったとしても，必ず使用者が休職命令を発令しなければならないものではなく，労務不提供を理由に解雇することも可能なはずである。しかしながら，実務上は，休職命令を行わずに解雇することは容易ではない。私傷病休職制度に関連する訴訟においては，休職命令を行わずに行われた退職（解雇）の効力が問題になった裁判例として，以下のようなものがある。

---

[1] 菅野和夫『労働法（第11版補正版）』（弘文堂，2017年）697頁。

第2節　私傷病休職制度に基づく解雇・退職等

◆休職命令を発令せずに行われた解雇を無効と判断した裁判例
日本ヒューレット・パッカード事件・
最判平24・4・27民集240号237頁

【事案】
　労働者が，実際には事実として存在しないにもかかわらず，「約3年間にわたり加害者集団からその依頼を受けた専門業者や協力者らによる盗撮や盗聴等を通じて日常生活を子細に監視され，これらにより蓄積された情報を共有する加害者集団から職場の同僚らを通じて自己に関する情報のほのめかし等の嫌がらせを受けている」などと主張し，使用者に調査を依頼したが，満足のいく結果を得られなかった。

　そこで当該労働者は休職を認めるよう求めたものの認められず出勤を促すなどされたことから，自分自身が上記の被害に係る問題が解決されたと判断できない限り出勤しない旨を使用者に伝えたうえで，有給休暇をすべて取得した後，約40日間にわたり欠勤を続けた。

　使用者は，上記欠勤を理由に当該労働者を諭旨退職とした。

【判旨】
- 欠勤の原因や経緯が上記のとおりである以上，精神科医による健康診断を実施するなどしたうえで，その診断結果等に応じて，必要な場合は治療を勧めたうえで休職等の処分を検討し，その後の経過を見るなどの対応を採るべき。
- 労働者の出勤しない理由が存在しない事実に基づくものであることからただちにその欠勤を正当な理由なく無断でされたものとして諭旨退職の懲戒処分の措置を執ることは，精神的な不調を抱える労働者に対する使用者の対応としては適切なものとはいい難い。
- 諭旨退職処分を無効と判断した。

　この裁判例を前提とすれば，身体的・精神的に何らかの疾患が認められる労働者に対し，使用者としては，まず医師の診断や休職等の処分を検討する必要があることになるから，原則として，疾患を抱えた労働者に対して，休職命令を発令せずに解雇することはできないと考えられる。

◆休職命令を発令せずに退職扱いとしたことが違法でないとされた裁判例
農林漁業金融公庫事件・東京地判平18・2・6労判911号5頁

【事案】
　労働者が自宅で心肺停止になり，この間の低酸素脳症の結果として高次脳機能障害（記憶障害，失見当識，自発性の低下，痴呆，人格・行動の変化などの障害・症状）の後遺症が残った。医師からも「職場復帰は難しい状況にある」との意見があり，退職届に署名し退職したが，その後退職が無効であったと主張した。

【判旨】
- 労働者は，意思無能力の状態にあったものと認められ，退職の意思表示は無効。
- 労働者が退職当時，意思無能力であったのであるから，使用者の業務を遂行する能力がなかったことは明らかであるところ，就業規則の解雇事由に「精神又は身体に著しい障害があるため使用者の業務に堪えられない場合」と規定していることからすれば，就労能力のない労働者を原告が雇用し続けなければならない義務が存在するとは解しがたい。
- 使用者が労働者の就労能力がないと判断し，休職命令を発しなかったことが相当でないということはできない。

　この裁判例は，低酸素脳症による高次脳機能障害が短期的に回復することがあっても，長期的には大幅な回復が見込まれないものであることも踏まえ，解雇猶予のための私傷病休職制度を適用する必要性がないと判断されたものと考えられる。

　以上にすれば，休職命令を発令する前の段階で，休職期間を経てもなお復職できないことが明らかである場合には，休職命令を発令せずに退職（解雇）させることも認められる可能性があるが，休職期間中に復職できる可能性がある場合には，休職命令を発令せずに退職（解雇）することは，当該退職（解雇）が無効になる可能性が高いと考えられる。特に精神疾患の場合には，復職可能かどうかの判断が困難であるうえ，身体的な傷病と異なり，治療にどの程度の

期間が必要なのか，どの程度まで回復するのかについて，確定的な予測が立てにくい。したがって，精神的な不調が認められる労働者については，基本的に，まずは休職命令を出すことを念頭に対応する必要がある。

(2) 医師への受診命令

前掲・最判平24・4・27民集240号237頁（日本ヒューレット・パッカード事件）が判示するところによれば，精神的な不調者に対しては，使用者としては，本人からの申出がない場合であっても精神科医による健康診断等を実施しなければならないとされる。しかし，労働者によっては，使用者が精神科医による健康診断を提案しても，これに応じないこともありうる（その理由としては，自分が精神疾患と認められるのを嫌がったり，精神疾患に罹患すれば退職しなければならないと誤解しているなど，さまざまである）。この場合，使用者が，業務命令として使用者の指定する医師への受診を命じることができるか，受診命令の有効性が問題となることがある。

◆受診命令を有効と認めた裁判例

電電公社帯広局事件・最判昭61・3・13労判470号6頁

【事案】

健康管理規程
 4条　健康管理上必要な事項について，健康管理従事者の指示もしくは指導を受けたときは，これを誠実に守らなければならない。
 24条　健康管理医が検診の結果等により必要と認めたときは，当該職員に精密検診を受けさせなければならない。

使用者が頸肩腕症候群を長期患っている労働者に，専門病院を受診するよう説得に努め，さらに受診命令を出したが労働者がいずれも拒否したため，戒告処分を行ったところ，当該処分の無効を主張した。

【判旨】
- 就業規則が労働者に対し，一定の事項につき使用者の業務命令に服従すべき旨を定めているときは，そのような就業規則の規定内容が合理的なものである限りにおいて当該具体的労働契約の内容をなしている。

- 職員は常に健康の保持増進に努める義務があるとともに、健康管理上必要な事項に関する健康管理従事者の指示を誠実に遵守する義務があり、この就業規則および健康管理規程の内容は合理的である。
- 受診命令は有効であり、受診命令違反を理由とする懲戒処分は適法。

京セラ事件・東京高判昭61・11・13労判487号66頁

【事案】

　労働者が「脊椎椎間軟骨症」の病名で長期欠勤をしていたため、使用者が休職を発令したところ、労働者は突然主治医を変更し、「頸肩腕障害及び腰痛症」であり業務に起因すると主張しはじめた。使用者は、就業規則に根拠規定はなかったものの、文書で会社指定の専門医の診断を受けるよう指示したところ、労働者はこれを拒否した。その後、休職期間満了により、雇用契約が終了した。

【判旨】
- 使用者としては、労働者の疾病が業務に起因するものであるか否かは同人の以後の処遇に直接に影響するなど極めて重要な関心事である。
- 当該労働者が当初提出した診断書を作成した医師から、当該労働者の疾病は業務に起因するものではないとの説明があった。
- 使用者が労働者に対し改めて専門医の診断を受けるように求めることは、労使間における信義則ないし公平の観念に照らし合理的かつ相当な理由のある措置であるから、就業規則等にその定めがないとしても指定医の受診を指示することができ、当該労働者はこれに応ずる義務があるものと解すべき。

　上記のとおり、医師の受診命令が問題になるのは、労働者が使用者の受診命令に従わず、使用者が業務命令違反を理由に懲戒処分に処した場合に、労働者が当該懲戒処分の無効を主張するのが典型である。前掲・東京高判昭61・11・13労判487号66頁（京セラ事件）によれば、就業規則等に規定がない場合でも、信義則や公平の観念に照らして合理的かつ相当な理由があれば、受診命令違反を理由とする懲戒処分も合理性は認められると考えられる。しかし、信義則や

公平といった観念は抽象的な概念であり，具体的な事実関係において，信義則や公平の観念に照らして合理的かつ相当な理由があるかどうかは，一概に認められるものではない。これに対し，前掲・最判昭61・3・13労判470号6頁（電電公社帯広局事件）によれば，受診命令の根拠が就業規則等に規定され，その内容が合理的であれば，労働者には指示に従う義務が生じることとなるため，より容易に受診命令の根拠および適法性を立証することが可能となる。

そこで，受診命令の効力をめぐる訴訟が提起された場合には，まず大前提として，予め就業規則において，使用者の判断で医師の受診を命じることができる根拠を規定しておくことが適切である（たとえば，「会社は，必要に応じて随時，会社の指定する医師の健康診断を受けるよう指示することができる。」といった規定）。そのうえで，当該労働者に傷病が疑われるような事情（たとえば精神疾患であれば，遅刻や業務上のミスが増えたりするなど，普段と異なる様子）について記録しておき，受診命令に合理性が認められることを主張・立証していくことになる。

4 休職期間満了による解雇・退職をめぐる訴訟

私傷病休職において最も紛争が発生しやすいのは，労働者が復職可能になったと判断して復職の申請をしたにもかかわらず，使用者が復職可能な状態にないと判断して申請を拒否し，休職期間満了により解雇（あるいは退職扱い）してしまった場合である。この点，休職命令と同様，制度上は，復職命令の是非も使用者の裁量で判断できるはずであるが，医師が復職可能と診断しているにもかかわらず，合理的な理由なく復職を命じず，結果として休職期間満了により解雇した場合には，解雇権の濫用であり無効と判断される可能性がある。

(1) 復職の要件

休職期間満了による解雇（退職）の是非が争われる場合には，労働者が復職の要件を満たしているといえるかどうかが問題となる。この点，復職の要件とは，一般的には，休職事由となった傷病が「治癒」したことであるといわれている。

① 「治癒」の意味

私傷病休職において，復職するための要件としての「治癒」とは，具体的には，「従前の職務を通常の程度に行える健康状態に復したとき」であるとされている[2]。もっとも，特に終身雇用制度を採用してきたわが国の雇用慣行では，上記の基準を杓子定規に当てはめて厳格に判断することが妥当でないと考えられたこともあり，上記基準に対しては，例外的な判断をされることも多い。

② 「従前の職務」に対する例外的取扱い

「従前の職務」に対する例外的な取扱いの基準を定めた裁判例としては，以下のものがある。

片山組事件・最判平10・4・9労判736号15頁

【事案】

工事現場監督の労働者がバセドウ病に罹患し，使用者に「現場作業に従事できない」と申告したため，使用者は自宅治療命令を発令した。その後労働者から「事務作業は行うことができる」と記載された主治医の診断書が提出されたが，使用者は自宅治療命令を継続した。

さらにその後，医師より，仕事に支障なしとの判断があったことを受け，使用者は当該労働者に，現場作業に復帰するよう命令した。

労働者は，上記「事務作業は行うことができる」との診断書が提出されてから，現場作業に復帰するまでの自宅治療命令期間中の賃金の支払等を求めて提訴した。

【判旨】

- 「労働者が職種や業務内容を特定せずに労働契約を締結した場合においては，現に就業を命じられた特定の業務について労務の提供が十全にはできないとしても，その能力，経験，地位，当該企業の規模，業種，当該企業における労働者の配置・異動の実情および難易等に照らして当該労働者が配置される現実的可能性があると認められる他の業務について労務の提供をすることができ，かつ，その提供を申し出ているならば，

---

2 平仙レース懲戒解雇事件・浦和地判昭40・12・16労判15号6頁。

> なお債務の本旨に従った履行の提供があると解するのが相当である。」

　上記裁判例によれば，職種や業務内容を特定せずに労働契約を締結している労働者つまりいわゆる正社員については，もともと職種の限定がない以上，従前の職務に限定して復職可能性を検討する必要はない。その結果，従前の職務ではなくても，それより以前に経験のある職務等，労働者の能力や経験に照らして配置可能な職務があるのであれば，そちらに配置することを検討する必要があるということになる。反対に，職種が限定されている労働者や（契約社員やアルバイトについては業務内容が限定されていることが多いであろう），職種が限定されていないとしても，これまで専門性が高い業務に従事しており，その経験や能力からいって別の業務に就かせることが現実的に考えにくい労働者については，原則に戻って「従前の職務」に就けるほどに回復しているのか，という点を検討することになる[3]。

　また，上記裁判例が，「配置される現実的可能性があると認められる他の業務」と判示していることからすれば，使用者は，当該労働者が復職できるようにするために，当該労働者が従事しうる程度の業務を新たに作り出すことまで求めているものではないと解される。特に精神疾患による休職から復職する場合には，程度の軽減された業務での復職を求められることがあるが，後述するような一時的に軽減措置を採ることはあり得たとしても，恒常的にそうした業務を作り出し，従事させる必要はない（こうした業務にしか就けないというのであれば，結局は当該労働者が復職可能な程度に回復していないことになる）。

　次に，実態に即して復職可能性を検討した裁判例として，以下のものがある。

---

[3] 脳卒中による身体障害により，体育の実技指導が困難となった保健体育の教諭につき，当該労働者が保健体育の教諭資格者として雇用されたのであるから，他の科目の教諭としての業務の可否を論じる余地はない，と判示した裁判例として，北海道龍谷学園事件・札幌高判平11・7・9労判764号17頁。

伊藤忠商事事件・東京地判平25・1・31労経速2185号3頁

【事案】
　総合職として入社した労働者が、双極性障害（躁うつ病）に罹患して休職した。その後労働者が復職を申し出たため、会社は主治医の報告も聞いたうえでトライアル出社を実施した。しかし、会社は、「現場の負担が非常に重くこれ以上のトライアル継続は困難。トライアルを継続しても長期的に見れば再発の可能性大。今回のトライアル開始後、状態悪化。」と判断し、復職を認めず、休職期間満了で退職とした。

【判旨】
- 総合職として採用された労働者については、少なくとも業務遂行には、対人折衝等の複雑な調整等にも堪えうる程度の精神状態が最低限必要とされることが認められる。
- 双極性障害の特質およびそれによる治療の困難さからは、治療を継続しての復職はもちろんのこと、社会復帰でさえも大きな困難をともなうことが認められる。
- トライアル出社の際の医師の意見は、せいぜいトライアル出社ができる程度に病状が安定していると判断していたにすぎず、労働者の総合職として、債務の本旨に従った労務提供ができる程度に病状が回復したと判断していたわけではない。

③　「通常の程度」に関する例外的取扱い
　(a)　裁判例の判断基準
「通常の程度」の例外的取扱いについて判示した裁判例として、以下のものがある。

全日本空輸（退職強要）事件・大阪高判平13・3・14労判809号61頁

【事案】
　航空会社の客室乗務員であった労働者が空港への移動中交通事故に遭い、その後4年あまり休業・休職した（障害者等級8級）。その後復職に際し、復職訓練を受けたところ、3回の訓練で筆記による知識確認は合格基準

だったが，模擬訓練においては，客室乗務員としての接客，サービス業務等の通常業務において，アナウンスが十分にできないなどの部分があり，保安要員としての業務，特に緊急時の旅客の誘導やドア操作について不適切な部分が多く存在したため，会社は不合格と判定し，労働者を解雇した。

【判旨】

- 使用者は，復職後の労働者に賃金を支払う以上，これに対応する労働の提供を要求できるものであるが，ただちに従前業務に復帰ができない場合でも，比較的短期間で復帰することが可能である場合には，休業または休職に至る事情，使用者の規模，業種，労働者の配置等の実情から見て，短期間の復帰準備時間を提供したり，教育的措置をとるなどが信義則上求められるというべきで，このような信義則上の手段をとらずに，解雇することはできない。
- 労働者は過去に18年におよび客室乗務員として勤務し，その経歴に応じた資格も取得してきた。
- 労働者の不合格は，休業および休職中の4年間に航空機やその設備機器に変化があり，原告がこれらに対する知識の習得をしなかったことに原因しており，基本的な能力の低下があったわけではなく，具体的な，航空機に対応した能力が十分でなかったというに尽きる。

上記裁判例によれば，若干の慣らし勤務等を経れば近いうちに「通常の程度」業務に従事できると見込まれる場合には，復職時に「通常の程度」業務に従事することができなかったとしても，復職を認めることになる。また，上記裁判例は事故による怪我であるが，特に精神疾患においては，休職していたところから復職後ただちに通常の程度の業務を指示してしまうと，過度に負担がかかり再発が懸念されることから，最初は負荷の軽い業務に従事させたり，時間外労働を行わせないようにといった指示が医師からなされることがしばしば見られるため，使用者が，こうした一時的な措置に対する対応なしに「治癒」していないとして復職を認めず，退職させてしまった場合には，当該退職が無効と判断される可能性がある。もっとも，前記①で述べたとおり，「治癒」の本来の意味は，「通常の程度」の業務処理ができることであり，こうした軽減

措置はあくまでも一時的なものであるべきであるから，使用者としては，医師とコミュニケーションを取り，どのくらいの期間，どのようなスケジュールで慣らし勤務を実施したらよいか，相談しながら進めることが望ましい。

(b) 慣らし勤務の形態

慣らし勤務の形態にはさまざまなバリエーションが考えられるが，基本的には，労働者本人にとって負荷の軽い内容から，徐々に程度を重くしていって，最終的に通常の程度の業務ができるようになるか，観察していくことになる。たとえば，まずは職場に出社することの練習から始め，徐々に滞在時間を長くしていき（リハビリ出社），次は負荷の軽い業務をしてもらい，徐々に通常の業務に慣れさせていく（リハビリ勤務）といった対応が考えられる。この場合，リハビリ出社のときは，労働者は使用者の指揮命令下で業務に従事しているわけではないから，対価としての報酬も発生しない。これに対し，リハビリ勤務の場合には，程度が軽いとはいえ，業務に従事しているため，対価としての賃金は発生する[4]。

区分	扱い	使用者の指揮命令	賃金	労災	通災
リハビリ出社 （出社するものの，社内で何をするか特段拘束しない）[5]	休職扱い	ない	発生しない	×	×
リハビリ出勤 （出社のみならず，出社後一定の軽作業等に従事）	休職扱い	ある	発生する	○	○

なお，特に精神疾患においては，再発しやすく，復職後に慣らし勤務を実施しても結局回復しておらず欠勤してしまうケースも散見される。その場合には，通算規定（復職後の同一または類似の傷病による欠勤日数を復職前の休職期間

4　もっとも，軽減業務である以上，休職前の賃金を支給する義務があるわけではない。この点については，リハビリ勤務を開始する前に，労働者と協議しておくべきだろう。

に通算する規定）がない限り，原則としてまた一から欠勤・休職の手続を踏む必要がある。こうした煩雑さを避けるため，最近では，復職を命じる前に慣らし勤務を実施し，復職可能な程度に回復しているか判断するケースもある（慣らし勤務を十分に実施できない場合には，まだ復職可能な段階に至っていないと判断して休職を継続する）。

④ 復職の要件に関する主張・立証上のポイント

前述したとおり，復職について訴訟等に発展するのは，労働者が復職を求めているにもかかわらず，使用者が「治癒」していないと主張して復職を認めず，その結果休職期間が満了して当該労働者が退職（解雇）してしまった場合である。ここでは労働者は，使用者に対し，労働契約上の地位の確認を求める訴訟を提起することになる。当該訴訟で争点となるのは，「治癒」しているといえるかどうかである。この点，使用者は，労働者が傷病によって休職を命じられ，就業規則所定の休職期間の満了による雇用契約の終了を抗弁として主張・立証するのに対し，労働者が復職を申し入れ，休職事由が消滅したことを再抗弁として主張・立証すべきものと考えられる（前掲・東京地判平25・1・31労経速2185号3頁（伊藤忠商事事件））。しかし実際には，休職事由が消滅しているかどうか（つまり復職可能な程度に治癒しているかどうか）は諸事情を総合的に考慮して判断されるため，使用者としても，休職期間満了時点で治癒しておらず，休職事由が消滅していない事実を主張・立証する必要がある。

(a) 「従前の職務」の要素

「治癒」の要件のうち，「従前の職務」の要素が争点になっている場合，使用者が主張・立証すべき事実は，

① 休職前の業務に従事できるほど回復していない
② 労働者に提供できる現実的可能性のある業務が存在しない／これまでの経歴から，他の業務に就けることが現実的でない／職務内容に限定があり，

---

5 厚生労働省の「心の健康問題により休業した労働者の職場復帰支援の手引き」は，①模擬出勤（勤務時間と同様の時間帯にデイケアなどで模擬的な軽作業を行ったり，図書館などで時間を過ごす），②通勤訓練（自宅から勤務職場の近くまで通勤経路で移動し，職場付近で一定時間過ごした後に帰宅する），③試し出勤（職場復帰の判断等を目的として，本来の職場などに試験的に一定期間継続して出勤する）を例として挙げている。

他の職務に就いてもらうことは想定していない
の2点である。

このうち、①については、まず前提としてどの程度まで回復しているといえるのかに関する医師の診断結果が必要である（医師の診断については後述）。また、当該労働者が休職前に従事していた業務の内容、当該労働者の地位、負荷の度合いについて主張する必要がある。この点、当該労働者の地位については、当時の組織図などがあれば立証可能である。また、負荷の度合いについては、勤務していた労働時間の記録などは証拠の一つになると考えられる。しかし、業務内容や密度といった具体的な状況については、これを客観的に立証する資料等が存在しないことも多い。その場合には、現場の関係者に事情聴取を行い、陳述書を作成して立証することになる。

次に②については、まず前提として、就業規則や労働契約書によって、配転条項の有無、業務内容限定の合意の有無等について立証することになる。続いて、現実的可能性のある他の職務については、当該労働者の当該使用者における職務経歴、前職がある場合には前職の職務経歴などが証拠となると思われる。また、当該労働者の能力については、休職前の勤務評定は一応の証拠になると思われる。ただし、休職前の勤務評定は、あくまでも休職前の業務における勤務評定であり、それがただちに他の職務における能力を示すものではないため、最終的にはこれも関係者から、労働者の業務能力や態度に関する事情を聞き、陳述書によって立証することになるだろう。また、現実的可能性のある業務が存在しないと主張する場合には、業務はあってもすでに他の社員が従事しておりさらに受け入れる余裕がないこともある。このような状況についても、客観的に立証することは困難であり、関係者の陳述書によって立証することになるだろう。

(b) 「通常の程度」の要素

これに対し、「通常の程度」の要素が争点になる場合、使用者側の主張として想定されるのは、

① 当該労働者が休職期間満了時点において、「通常の程度」には回復していなかった

② 当時の当該労働者が短期間の復帰準備では回復できる状況にもなかった

というものである。

　ここでも，①については，医師の診断が証拠になると考えられる。ただし，医師の診断は，あくまでも当該労働者の症状の回復具合を見るものであり，それが当該労働者の休職前の「通常の程度」が行えるまでに回復しているかを判断するのは，最終的には使用者の役割である。そこで，ここでも，前記(a)と同様，業務内容や負荷の程度について立証する必要がある。

　次に②については，使用者が実施した慣らし勤務の内容，およびそれに対する労働者の結果を記録しておき，その記録を証拠として提出することになる。もっとも，こうした慣らし勤務についても，使用者が一方的に決定した内容の場合には，慣らし勤務としての妥当性に疑問を呈される可能性がある。そのため，前記のとおり，慣らし勤務を行うためには，医師の意見も聞きながら内容を決定することが望ましく，立証のためには，内容決定に至る過程を記録しておき，その内容を証拠として提出することが考えられる。なお，こうした慣らし勤務の経過についても，その都度医師に報告し，意見を求めるなどしておくと，より慣らし勤務の妥当性が認められやすくなると考えられる。

(2) 医師の診断
① 復職における医師の診断の位置付け
(a) 医師の診断と復職命令の関係

　これまで何度か述べているとおり，私傷病休職中の労働者の復職の是非を判断する場合において，医師の診断は極めて重要な要素となるし，復職をめぐる訴訟等においても，医師の診断書は重要な証拠資料となる。しかしながら，気を付けなければならないのは，労働者を復職させるかどうかを判断するのは，原則として復職命令を発する使用者であって，医師ではないということである。医師の診断は，医療の専門家として，休職中の労働者の傷病がどの程度回復しているかを判断するものであり，その点において使用者が復職の是非を判断するに際し，重要な考慮要素になることはいうまでもないところであるが，医師の診断書において「就労可能」との判断が出たからといって，ただちに復職命令を出さなければならないわけではないし，場合によっては医師の診断にもかかわらず，復職を命じないというケースも，あり得ないわけではない。たとえ

ば、休職中の労働者の従前の職務が負荷の大きい業務であったにもかかわらず、医師の診断が当該業務内容をよく知らないまま、日常生活を送るには支障がないという程度の回復具合をもって「就労可能」と診断していた場合には、上記診断をもってただちに復職命令を出すわけにはいかないことになる。

　(b)　**医師の診断の影響力**

　もっとも、上記のとおり復職命令の是非を判断するのが使用者であるとしても、医師の診断は専門家による意見であり、専門家ではない使用者がこの意見を覆すことはできない。したがって、仮に医師の診断に使用者が疑問を抱くような事情があったとしても（前記(a)の例でいえば、医師が休職前の業務について十分な知識を有しているか疑問に思う場合）、ただちに医師の診断の信用性を問うことはできない。

　他方で、医師の専門家としての意見は、あくまでも傷病に関する回復具合についてであり、それ以外の事情については、医師の診断といえども、ただちに尊重しなければならないわけではない。たとえば、うつ病の診断書において、「上司のパワハラによりうつ病に罹患した。」などと、傷病の状況だけでなく原因についても記載していることがしばしば見られる。このうち、うつ病に罹患したという点については専門家の意見として尊重すべきであるが、「上司のパワハラによる」かどうかは、使用者において調査のうえ確認すべき事情であり、第三者である医師が具体的な事実関係を確認し判断すべき立場にあるわけではないから、この点については、医師の診断書に記載されているからといってただちに信用性が認められるわけではない。

　②　**医師の診断書の要否**

　前記のとおり、医師の診断は、休職中の労働者の傷病の回復具合を立証するものとして、極めて重要である。したがって、使用者としても、休職中の労働者が復職を求めてきた場合には、まず医師の診断書の提出を求めるべきであるし、医師の診断書の提出を受けずに復職の是非を判断しようとすることは、不十分な判断材料の下で判断することになる（仮に医師の診断書の提出を受けずに復職を拒否して休職期間満了により退職させるようなことがあれば、診断書の提出を受けなかったことだけでも退職の効力が否定される要素になりうると考えられる）。

J学園（うつ病・解雇）事件・東京地判平22・3・24労判1008号35頁

【事案】
　教師であった労働者が，クラス内トラブルが原因でうつ病になり，復職・再発を繰り返した後，休職期間が満了したとして，当該労働者の主治医の診断を聞かずに解雇された。

【判旨】
　学校の人事担当者である教頭らが，主治医に対し，一度も問い合わせ等をしなかったというのは，現代のメンタルヘルス対策の在り方として，不備なものといわざるを得ない等判示して，解雇を無効と判断した。

　また，医師の診断書を求めるのが使用者の合理的な対応であることからすれば，休職中の労働者としても，復職の際に主治医の診断書を提出することは当然の責務というべきである。

大建工業事件・大阪地判平15・4・16労判849号35頁

【事案】
　労働者が，休職から復職するに際し，会社の主治医面談や会社指定医による診断を拒否したうえ，会社が再三にわたり，就労可能性について記載した医師の診断書提出を求めたにもかかわらず提出を拒否し，「自律神経失調症を窺わせる不眠，不安，動悸，冷汗，食欲低下，全身倦怠感は認められない」と記載された証明書のみ提出したため，会社が当該労働者を解雇した。

【判旨】
　復職の要件である治癒，すなわち，従前の職務を通常の程度行える健康状態に復したかどうかを使用者が労働者に対して確認することは当然必要なことであり，しかも，労働者の休職前の勤務状況および満了日まで達している休職期間を考えると，使用者が，労働者の病状について，その就労の可否の判断の一要素に医師の診断を要求することは，労使間における信義ないし公平の観念に照らし合理的かつ相当な措置であるとして，上記診断書の提出を拒否した労働者に対する解雇を有効と判断した。

③ 医師の診断の信用性

これまで見てきたとおり，復職の判断要素として，医師の診断は非常に重要な要素となっているうえ，医師の診断は，専門家の意見であり，使用者においてその信用性を否定することは原則としてできない。しかしながら，実務上は，医師の診断書の内容について，使用者として疑問を呈さざるを得ないケースはしばしば見られる。

たとえば，休職期間中，労働者が毎月医師の診断書を提出し，その都度「1カ月の自宅療養が必要」との診断をしていたところ，休職期間満了日を通知した途端，「就労可能である」との診断書を提出したような場合には，使用者がその診断内容の信用性に疑問を抱いたとしてもやむを得ないと思われる。そして，医師の診断を信用して復職させたものの，実際には復職できる程度に回復していなかったことから，すぐにまた欠勤を開始してしまい，結局退職してしまうようなケースも実際にしばしば見られるところである。

これは推測にすぎないが，特に精神疾患の場合には，回復具合について客観的に測定できるわけではないため，主治医としても，回復具合の判断については，労働者の話す内容（愁訴）や外形上の様子から判断していくことが多いと思われる。そのため，休職期間満了による退職を回避したいと思う労働者が，実際には回復していなくても主治医に対して回復しており就労の意欲が高い様子を見せれば，強くこれを否定するような事情がない限りは，医師としても「就労可能である」との診断を出さざるを得ない可能性がある。さらにいえば，休職前に従事していた業務についても，主治医は基本的に労働者からしか情報を得ることができないため，仮に復職を希望する労働者が実際よりも負荷の軽い業務であると説明したとしても，主治医としてはそれを信用せざるを得ない。その結果，たとえ専門家である医師の診断であったとしても，診断書に信用性が認められないケースが生じることがある。

コンチネンタル・オートモーティブ（仮処分）事件・
横浜地決平27・1・14労判1120号94頁

> 【事案】
> 　平成25年10月30日に，休職期間最大1年間として休職を開始した労働者が，平成26年9月29日に，「10月1日～31日までの自宅療養が必要」との診断書を提出した（診断書①）。これを受けて，会社は，休職期間満了までに就労可能にならないと判断し，同年10月6日，休職期間満了による自然退職を通知した。
> 　すると，労働者は，同月17日に，再度「症状軽快しており27日より通常勤務可能」との診断書を提出した（診断書②）。診断書①と診断書②の内容が異なるため，会社が主治医に問い合わせたところ，主治医は，当該労働者が仕事に戻れる状況ではなかったこと，労働者が会社に戻りたい，頑張ろうと思うといってきたので，労働者の希望どおり，通常勤務は問題ないという診断書を書いたこと，を述べた。
> 　これを受け，会社は，自然退職の通知を撤回しない旨労働者に回答した。
> 【判旨】
> 　診断書②は，医学的に軽快したということが理由になっているのではなく，債権者の強い意向によることが理由と考えざるを得ない。診断書①が医学的に見た労働者の病状を示しているといえる。
> 　労働者が平成26年10月29日の休職期間満了時に復職可能であったと判断することはできない。

　以上の点からすれば，使用者としては，高い専門性を持つ医師の診断といえども，これを鵜呑みにせず，その内容を慎重に判断する必要がある。

(3) 医師の診断に関する主張・立証上のポイント

　復職をめぐる訴訟においては，労働者が主治医の「就労可能」との診断書を証拠として提出し，労働者が復職可能な程度に回復していることを立証することになる。そこで，当該労働者が復職できる状態にないことを主張・立証する使用者としては，当該診断書の信用性を弾劾する必要がある。しかし，前記の

とおり、医師の診断書は専門家としての意見であるから、使用者が信用性がないと主張するだけでは不十分である。

① 別の医師による診断

そこで、使用者としては、他の医師による「就労できるほど回復していない」との診断を証拠として提出することが考えられる（場合によっては、2名以上の診断を得ることもある）。この点、使用者における身近な医師としては産業医がおり、復職の際に産業医の診断を受けさせることは多い。もっとも、産業医といってもその専門はさまざまである。労働者の傷病と専門が合致する医師が産業医となっているのであれば良いが、そうでない場合には、やはり専門医である主治医のほうが専門家としての信用性が高いと考えられる。そこで産業医の専門外である場合には、産業医等から、専門医を紹介してもらうなどして、信用性の高い診断を得られるようにする必要がある。また、このように復職時に、使用者が指定する医師の診断を労働者に受けさせるためにも、前記3(2)で指摘したような、使用者が指定する医師への受診を命じることができる規定を、就業規則等に規定しておくべきである。

また、使用者が指定した専門医であっても、ただ診断してもらっただけでは、主治医と同じような「就労可能」との診断を出す可能性がある。この点、主治医と使用者が指定する医師の違いは、「情報量」である。すなわち、前述したとおり、主治医は、基本的に労働者本人からしか情報を得ていない。そのため、労働者の主観に誤解や虚偽が含まれていた場合に、誤った情報に基づく診断をする可能性がある（復職したいと考える労働者が、業務内容の負荷を軽く伝えるなど）。これに対し、使用者が指定する医師に対しては、使用者が、労働者が従事していた業務の内容、労働者のこれまでの勤務態様や現在に至るまでの経緯等について、情報を提供することができる。そのため、指定された医師の診断のほうが、より信用性が高いとの判断を受けることも可能になるのである。したがって、使用者としては、使用者が指定する医師の診断を受けさせようとする場合には、事前に上記の情報や、使用者として懸念する点について伝えておくべきである。

主治医と産業医等の診断内容を比較した裁判例として、以下のものがある。

東京電力パワーグリッド事件・
東京地判平29・11・30労経速2337号3頁

【事案】

労働者が1年間の療養休暇を経てから休職開始し、1年経過しても改善せず、リワークプログラムに通所しはじめたが出席率が低く担当医からも復職可能なレベルに至っていないと診断された。また、産業医や専門医との面談において、休職原因を逆流性食道炎であると説明するなど、精神疾患についての病識が欠如した状態だった。

これに対し、主治医は現在の精神状態は良好であり、就労を可能とする診断書を提出した。

使用者は、主治医の診断を採用せず、休職期間満了により退職扱いとした。

【判旨】

労働者が休職期間満了時においても規則正しく定時に勤務できる状態にまで回復していたとはいえず、自己の精神疾患に対する病識が欠如し、復職後における自己のストレス対処も不十分な状況にあったことを考えると、休職前に勤務していた部門に復職させていたとしても、就労に支障が出るおそれが大きい状態であったと認めるのが相当である。

主治医の見解は、リワークプログラムの評価シートを参照しておらず、職場の実情や従前の労働者の職場での勤務状況を考慮したうえでの判断ではなく、診療経過も把握できないため、労働者が就労可能な状態に回復したか否かという判断にあたり、主治医の見解を参酌することは相当でない。

結論として、退職を有効と判断した。

② 主治医の診断の変更

また、前記のとおり、主治医の診断について疑義が生じている場合、主治医が限られた情報に基づいて診断している可能性がある。そのため、主治医と面談し、主治医に対し、前記①で指摘したような内容を伝えることで、主治医の意見が変わることもある。この点、主治医は基本的に患者である労働者の味方であり、使用者の意見に沿った見解をただちに出すとは限らない。しかし、主

治医としても，就労可能と診断して復職させた労働者が復職後，わずかな期間で再発して欠勤してしまうのは本意ではないと考えられるし，そもそも労働者本人のためにもならない。他方で使用者としても，労働者が復職するからには，簡単に再発することなく，継続的に出勤し，業務を誠実にこなせる状況でなければ，安心して仕事を任せることはできない。このように，労働者が本当に就労可能な状態になって復職してもらうことは，主治医，労働者，使用者の共通の思いである。そのことからすれば，使用者に事情を聞いた結果，復職にはまだ時期尚早と判断したり，復職できるほど回復しているかどうか，慣らし勤務をさせたほうが良いと判断することは，十分考えられる。

したがって，主治医の「就労可能」の診断が，どの程度の回復を想定しているのか確認する意味でも，主治医とコミュニケーションを取っておくことは有用である。ただし，主治医の意見を変更させるためには，主治医との面談が不可欠であるところ，主治医は守秘義務を負っており，患者である労働者の症状について話すことは，労働者の同意なしに実施することはできない。そこで使用者としては，労働者からあらかじめ主治医と面談する旨の同意を取得しておく必要がある。可能であれば，同意書を作成し，これを主治医に提示するとともに，証拠として提出するとよい。もっとも，労働者としても，主治医と使用者が面談することに警戒する可能性もあり，同意するとは限らない。同意が得られない場合には，こうした手段を取ることはできないが，使用者としては，労働者を同席させたうえで主治医から話を聞くなど，できるだけ労働者に安心感を与えるなどして，話を聞いていくべきである。

上記のような主治医の診断や意見に変更があった場合，復職の是非を争う訴訟においては，使用者がこうした意見の変更内容や変更の経緯を主張・立証することで，最初の診断結果の信用性を弾劾することができるようになる。

(4) その他の主張・立証上のポイント

復職時に労働者が主張することが考えられるその他の事実としては，実は私傷病ではなく，業務上災害であるというものがある。すなわち，前記**第2章第2節**で述べたとおり，業務上災害の場合には，療養期間中および療養期間が終了後30日間は解雇することができない。そのため，私傷病による休職期間満了

による退職（解雇）が無効であるとの主張である。

　この場合には，すでに述べているとおり，使用者としては，労働者が主張する業務起因性を否定するような具体的な事実を主張・立証していくことになる。

第3節 業務上災害（労災）と解雇

1 業務上災害（労災）と解雇の制限[6]

(1) 労基法19条1項本文の規定

　労基法19条1項本文は，「使用者は，労働者が業務上負傷し，又は疾病にかかり療養のために休業する期間及びその後30日間（中略）は，解雇してはならない。」と規定し，労災により療養のため休業中の期間および復職後30日間は，解雇することを禁止している。これは，業務上の負傷による療養のための休業期間という再就職困難期において失職することにより労働者の生活が脅かされることのないよう，再就職の可能性が回復されるまでの間，解雇を一般的に禁止して労働者を保護するためであると解される[7]。

　この場合の「療養」とは，労基法・労災保険法上の療養補償・休業補償の対象となる「療養」と同じであり，治癒（症状固定）後の通院等は含まれない[8]。この点，労災保険においては，私傷病であればいまだ復職可能な状態に至っていなくても，それ以上の改善が見込まれないと判断した場合には，症状固定したとして労災補償の支給が打ち切られることもある。この場合には，同条の制限は受けないことになる。また，「休業」には全部休業のみならず一部休業も

---

[6] 以下については，前掲注1・菅野730頁以下参照。
[7] 光洋運輸事件・名古屋地判平元・7・28労判567号192頁等。
[8] 障害補償は業務上の負傷・疾病がなおったときに支給されるものであるから，障害補償の支給が確定した時点で，「療養のための休業」とはいえなくなる（昭25・4・21基収1133号）。

第3節　業務上災害（労災）と解雇

含まれる（1週間に1回程度欠勤を続けていた状態も「休業」に含まれると判断した裁判例として，大阪築港運輸事件・大阪地決平2・8・31労判570号52頁）。

また，同条によって制限されているのは，「解雇」のみであり，解雇の予告自体は，上記期間中であっても有効と解されている（労基法19条の定めは，その定めの期間中における解雇の予告を禁ずる趣旨でなく，同期間中の解雇そのものを禁ずる趣旨であると解せられるとして，解雇予告は有効と判示したものとして，東洋特殊土木事件・水戸地竜ヶ崎支判昭55・1・18労経速1056号21頁）。また，労働者による任意退職，期間満了による退職，定年退職等は本項の制限を受けない。

(2) 打切補償の支払による適用除外

労基法19条1項ただし書は，「使用者が，第81条の規定によって打切補償を支払う場合……においては，この限りでない。」と規定し，同項本文の解雇制限の例外を規定している。同法81条は，「第75条の規定（注：労基法の療養補償の規定）によつて補償を受ける労働者が，療養開始後3年を経過しても負傷又は疾病がなおらない場合においては，使用者は，平均賃金の1,200日分の打切補償を行い，その後はこの法律の規定による補償を行わなくてもよい。」とする規定であるから，使用者は，療養開始から3年を経過しても症状固定していない労働者に対し，平均賃金の1,200日分の打切補償を支払えば，療養・休業期間中あるいはその後30日間であっても，解雇することができるようになる。もっとも，上記規定は，「労基法上の療養補償を受けている労働者」が対象であるところ，現在ではほとんどの労災補償は労災保険を通じて支払われているため，労災保険法との関係が問題となる。

この点，まず，被災者が，療養の開始後3年を経過した日において，傷病補償年金（労災保険法12条の8第3項。被災した労働者が，療養開始後1年6カ月を経過した日においても当該負傷・疾病が治っておらず，かつ障害の等級が1級～3級（全部労働不能）の程度に達している場合に支給される）を受けている場合または同日後において傷病補償年金を受けることとなった場合には，当該3年を経過した日または傷病補償年金を受けることとなった日において，

同法81条の規定により打切補償を支払ったものとみなす旨規定されており，この場合には，労災保険の給付によっても，解雇制限の例外の適用を受けることができる。

これに対し，療養補償給付や休業補償給付について，学校法人専修大学事件・最判平27・6・8労判1118号18頁においては，第1審・第2審の判決が，労基法19条を文言どおりに解釈し，労災保険法に基づく療養補償給付を受けて3年が経過した場合に打切補償を支払った場合に同条1項ただし書の適用を否定した。これに対し，最高裁は，労災保険法による保険給付の実質は，使用者の労基法上の災害補償義務を政府が保険給付の形式で行うものであり，使用者自らの負担による災害補償が行われている場合と労災保険給付が行われている場合とで取扱いを異にすべきものとはいい難いと判示した[9]。これによって，労災保険法上の療養補償給付が3年なされている場合には，労働者が療養中であったとしても，打切補償を支払って解雇することが可能となった[10]。

(3) 労基法19条に関連する訴訟
① 解雇制限の適用の有無

労基法19条1項の解雇制限の適用が除外されるか否かは，法律上はいくつかの論点があるものの，結局は，業務上の災害に罹患した場合に，3年間経過してもなおらなかったことが要件であるから，負傷や疾病からの治癒の有無が問題となる。

前掲注7・名古屋地判平元・7・28労判567号192頁（光洋運輸事件）では，医師から症状が固定したと診断された労働者を解雇したことについて，「症状固定の状態になれば，再就職の困難さという点についてもそれ以上の改善の見込みは失われるのであるから，症状固定時以降は，再就職可能性の回復を期待

---

9 なお，労基法19条の制限が適用されない場合であっても，労働契約法16条のいわゆる解雇権濫用法理の適用は受けることになるが，上記裁判例の差戻控訴審では，解雇を有効と判断し，上告も棄却されている（東京高判平28・9・12労判1147号50頁）。
10 上記判決後，厚労省も，労災保険法の療養補償給付を受ける労働者が療養開始後3年を経過しても疾病等がなおらない場合には，打切補償を支払うことにより解雇制限の除外事由が適用されるとの通達を発出した（平27・6・9基発0609号4頁）。

して解雇を一般的に禁止すべき理由はなくなる」として，症状固定時以降は労働基準法19条１項が適用されないと判断した。

次に，アールインベストメントアンドデザイン事件・東京地判平21・12・24労経速2068号３頁は，使用者が，過労とストレスを理由に自宅療養に入った労働者に対し，３年にわたり休業補償を支給した後，1,200日分の打切補償として約930万円を支払って解雇したのに対し，労働者が，解雇時に，労基法81条の「負傷又は疾病がなおらない場合」に該当しないと主張して解雇制限の効力を争った裁判である。裁判所は，診断書や団体交渉等での労働者の主張を元に，解雇時においても労働者の状況が特に変化しておらず，疾病はなおっておらず，職場復帰は可能でなかったと判断して，労基法19条の適用除外を認めた。

以上のように，使用者が労基法19条１項の解雇制限を受けないと主張して労働者を解雇した場合，19条１項の制限期間を経過した場合も，打切補償を支払った場合も，争点になるのは，労働者の疾病の状態である。これについては，医師の診断書による病状，勤怠表やタイムカード等による復職状況等によって，状態に関する主張・立証を行うことになる。

② 　解雇権濫用の有無（労働契約法16条）

仮に労基法19条の解雇制限の適用を受けない解雇であったとしても，ただちに解雇が有効になるわけではなく，労働契約法16条に規定する「客観的に合理的な理由」および「社会通念上の相当性」が必要になる（解雇権濫用法理）。また，就業規則には，「心身の不調により業務に堪えられないとき」など，傷病や治療後の障害による労働能力の喪失を普通解雇事由として規定していることが多い。この点，前掲・最判平27・６・８労判1118号18頁（学校法人専修大学事件）の差戻控訴審において，裁判所は，「労働者の労務提供の不能や労働能力の喪失が認められる場合には，解雇には，客観的に合理的な理由が認められ，特段の事情がない限り，社会通念上も相当と認められるというべきである。」としたうえで，労基法81条の打切補償を支払った場合には，「解雇までの間において業務上の疾病の回復のための配慮を全く欠いていたというような特段の事情がない限り，当該解雇は社会通念上も相当と認められるものと解するのが相当である。」と判示した[11]。したがって，この解雇に関する訴訟での争点としては，労働能力の喪失の有無と，使用者による業務上の疾病回復のための

配慮の有無・内容となる。

　(a)　**労働者の労働能力の喪失**

　まず，労働能力の喪失にかかる判断は前記①における労働者の状態とも重複するところが多いと思われるが，現在の状態によって，どの程度の業務が処理可能な状態なのか（特に症状が固定し，これ以上の業務能力の改善が見込めない場合）について，主張・立証する必要がある。また，こうした業務能力については，従事していた業務の内容とも関連するため，業務内容がどのようなもので，労働者にどのような負担がかかるものなのかについても，主張・立証が必要である。名古屋埠頭事件・名古屋地判平2・4・27労判576号62頁は，クレーン運転業務により腰痛症に罹患した労働者について，大型クレーンの業務は前かがみの姿勢にならざるを得ず，腰部に負担をかけるものであること，就労可能な業務についたとしても，大型クレーン運転の通常業務に復帰し安定的な労務を提供することは将来にわたっても困難であったと認定している。また，前掲注9・東京高判平28・9・12労判1147号50頁（学校法人専修大学事件）では，労働者を一旦業務負担の軽い業務に従事させたが約半年で就労困難となり，その後約5年9カ月間，復職可能との申出がなかったことをもって，労働能力の喪失が認められると判断した。

　こうした労働能力の判断については，前記第2節4(1)②における「従前の職務」に就けるかどうかに関する主張・立証が参考となる。特に過重労働やハラスメントによって発症することが多い精神疾患については，前掲・東京地判平25・1・31労経速2185号3頁（伊藤忠商事事件）のように，業務の内容と心理的負荷の内容が争点となると考えられる。

　(b)　**使用者による業務上の疾病回復のための配慮の有無・内容**

　前掲・大阪地決平2・8・31労判570号52頁（大阪築港運輸事件）は，一般論として，「労働災害により傷害を受けた労働者が就労を再開する場合，使用者としてはいわゆる訓練的・段階的な就労の機会を付与し，労働者の労働能力の回復・向上のための措置を講じることが望ましい」と判示し，また，前掲・

11　前掲注9・東京高判平28・9・12。なお，本件は上告も棄却され，上記判断で確定している。

名古屋地判平2・4・27労判576号62頁（名古屋埠頭事件）も，「業務に堪えない」か否かを判断するためには，労働者の症状や後遺症の状況に応じた段階的就労の機会の付与等職場復帰のための措置を講じることが望ましいと判示している。また，実際にも，前掲注7・名古屋地判平元・7・28労判567号192頁（光洋運輸事件）では，被災事故に遭って以降解雇に至るまでの5年7カ月間，症状固定時以降でも2年6カ月間，労働者が休業，早退等を反復継続していたにもかかわらず雇用を継続したこと，本来業務ではない軽作業に従事させ，リハビリテーションのための欠勤，早退を容認するなど，相応に配慮をしてきたこと，さらには労働者が所属する労働組合の同意を得たうえで解雇を行ったことを認定し，解雇を有効と判断している。

　(c)　**小　　括**

　以上からすれば，仮に労働基準法19条の解雇制限の適用を受けない場合であった場合，原則的には解雇が有効と認められる可能性が高いとも考えられるが，労働者に対する配慮が欠けているといった事情があれば，労働者に対する解雇が無効となるリスクも存在する。使用者としては，前記**第2節**4に記載したような，私傷病休職から復職する際の労働者に対するのと同様，具体的な復職の可能性，他の業務への従事の可能性を検討し，それでも復職が不可能と判断した場合に解雇できると考えるべきである。

　もっとも，上記の可能性の検討は，私傷病におけるのと同様，使用者に対して無限定に復職可能性を模索するということではなく，あくまでも現実的な可能性の範囲で検討を行えば十分である。前掲・大阪地決平2・8・31労判570号52頁（大阪築港運輸事件）も，前記労働者の労働能力の回復・向上のための措置の具体的な方法・程度は，職場環境や職務内容・経済状況等に応じて可能な範囲で決定されるべきものと判示しており，従業員3名の零細企業で経済的にも行き詰まっているなかで軽作業のみに専従させるなどの便宜は図れないとして，解雇を有効と判断している。

2 労基法19条と休職期間満了の解雇（退職）に関連する訴訟

　過重労働やハラスメントを原因として疾病に罹患し，業務に従事することができなくなった場合には，業務上の災害であり，使用者は労基法19条の適用を受け，解雇の制限を受けることになる。しかし，実務上は，労働者が疾病に罹患したとしても，それが業務に起因するかどうかの判断が容易でない場合もあるし，また，企業の実務としても，労働者が何らかの疾病に罹患すれば，とりあえずは私傷病休職で対処するケースも多い。そのため，私傷病休職を命じ，休職期間満了により解雇（退職）となった後になって，労働者が，自らの疾病が業務上の災害であると主張し（あるいは実際に労災認定を受けることもある），労基法19条を根拠に解雇の無効を主張して地位確認請求訴訟を提起することがある。

◆休職期間満了で解雇したが，その後業務上の疾病であり労働基準法19条が適用されて解雇が無効と判断された裁判例[12]
東芝（うつ病・解雇）事件・東京地判平23・2・23労判1022号5頁

【事案】
　労働者が，工場のライン立上げプロジェクトに携わった後，「抑うつ状態」との診断を受け欠勤・休職した後，休職期間満了による解雇通告を受けた。

【判旨】
- ラインは，これまでのラインでは生じなかったトラブルが発生し，その対策に追われ，平成13年2月以降は，複数のトラブルを抱えて対策を講じるなど，業務量が増大した。
- ライン立上げのスケジュールは，短期計画であり，繁忙かつ切迫したものであった。

12　そのほかに，休職期間満了退職した後に労災が認定され，退職が無効と判断された裁判例として，アイフル（旧ライフ）事件・大阪高判平24・12・13労判1072号55頁。

- 労働者は，業務をこなすため午後10時を過ぎて勤務をすることが毎月10日以上あった。
- 法定時間外労働時間が月間60時間を超えていた。
- 労基法19条1項にいう「業務上」の疾病とは，当該業務と相当因果関係にあるものをいい，その発症が当該業務に内在する危険が現実化したと認められることを要するというのが相当である。
- 労働者の業務とうつ病の発症との間には相当因果関係があり，当該うつ病は「業務上」の疾病であると認められる[13]。
- 本件解雇は，労働者が業務上の疾病にかかり療養のために休業していた期間にされたものであって，労基法19条1項本文（および就業規則27条）に反し，無効である。

　この訴訟における主張・立証上の留意点は，基本的に，当該疾病が業務上災害ではないということであり，その点においては，過重労働に関する前記**第2章第2節**6や，ハラスメントに関する前記**第3章第5節**等における主張・立証上の留意点と内容は同様であり，使用者としては，労働者の疾病が，業務とは関係のない，私傷病であることを主張・立証することになる。

13　なお，本件の労働者は，解雇される直前に労災申請を行い，解雇後に，労働基準監督署は不支給の決定をした。しかし，その後裁判所で不支給決定が取り消されている。

事項索引

あ行

アカデミックハラスメント・・・・・・・・・・・ 97
安全配慮義務・・・・・・・・・・・・・・・・・・・ 49, 73
安全配慮義務違反・・・・・・・・・・・・・・・・・ 48
育児・介護休業法・・・・・・・・・・・・・・・・・ 118
育児・介護休業法25条・・・・・・・・・ 121, 160
育児休業・・・・・・・・・・・・・・・・・・・・・・・ 119
意見・・・・・・・・・・・・・・・・・・・・・・・・・・・ 19
医師の診断・・・・・・・・・・・・・ 185, 188, 189
慰謝料・・・・・・・・・・・・・・・・・・・・・・・・・ 63
異常な出来事・・・・・・・・・・・・・・・・・・・・ 20
遺族基礎年金・・・・・・・・・・・・・・・・・・・・ 72
遺族厚生年金・・・・・・・・・・・・・・・・・・・・ 72
遺族補償給付・・・・・・・・・・・・・・・・・・・・ 15
一事不再理の原則・・・・・・・・・・・・・・・ 148
逸失利益・・・・・・・・・・・・・・・・・・・・・・・ 61
意に反する性的な言動・・・・・・・・・・・・・ 98
意に反する性的発言・・・・・・・・・・・・・・ 101
因果関係・・・・・・・・・・・・・・・・・・・・ 46, 55
飲酒・・・・・・・・・・・・・・・・・・・・・・・・・・・ 40
請負・・・・・・・・・・・・・・・・・・・・・・・・・・ 127
打切補償・・・・・・・・・・・・・・・・・・・ 16, 195
上積み補償金・・・・・・・・・・・・・・・・・・・・ 72
SNSのメッセージ・・・・・・・・・・・ 132, 150
親会社・・・・・・・・・・・・・・・・・・・・・・・・ 128

か行

解雇制限・・・・・・・・・・・・・・・・・・・ 196, 197
介護保障給付・・・・・・・・・・・・・・・・・・・・ 15
過失相殺・・・・・・・・・・・・・・・・・・・・ 65, 82
過重業務・・・・・・・・・・・・・・・・・・・・・・・ 21
過重労働・・・・・・・・・・・・・・・・・・・・・・・ 21
過小な要求・・・・・・・・・・・・・・・・・・・・ 110
過大な要求・・・・・・・・・・・・・・・・・・・・ 110
環境型セクハラ・・・・・・・・・・・・・・・・・ 103

管理監督者・・・・・・・・・・・・・・・ 34, 74, 83
既往症・・・・・・・・・・・・・・・・・・・・・・・・・ 84
企業名公表・・・・・・・・・・・・・・・・・・・・・ 10
危険責任の法理・・・・・・・・・・・・・・・・・・ 13
偽装請負・・・・・・・・・・・・・・・・・・・・・・ 128
基礎疾患・・・・・・・・・・・・・・・・・・・・ 40, 67
喫煙・・・・・・・・・・・・・・・・・・・・・・・・・・・ 40
キャンパスハラスメント・・・・・・・・・・・ 97
休業損害・・・・・・・・・・・・・・・・・・・・・・・ 60
休業補償給付・・・・・・・・・・・・・・・・ 15, 196
救護義務・・・・・・・・・・・・・・・・・・・・ 54, 79
休職命令・・・・・・・・・・・・・・・・・・・・・・ 172
供述の信用性・・・・・・・・・・・・・・・ 131, 150
業務委託・・・・・・・・・・・・・・・・・・・・・・ 127
業務起因性・・・・・・・・・・・・・・・・・・・・・ 20
業務指導の範囲・・・・・・・・・・・・・・ 111, 113
業務上災害・・・・・・・・・・・・・・・・・・・・ 194
業務上の指導・・・・・・・・・・・・・・・・・・ 137
業務の適正な範囲・・・・・・・・・・・・・・・ 107
業務量の調整・・・・・・・・・・・・・・・・・・・ 77
近親者固有の慰謝料請求権・・・・・・・・・ 51
組合活動・・・・・・・・・・・・・・・・・・・・・・・ 33
グループ会社・・・・・・・・・・・・・・・・・・ 128
軽易な業務への転換・・・・・・・ 117, 118, 119
契機として・・・・・・・・・・・・・・・・・・・・ 120
健康確保措置・・・・・・・・・・・・・・・・・・・ 76
原告適格・・・・・・・・・・・・・・・・・・・・・・・ 18
研修・・・・・・・・・・・・・・・・・・・・・・・・・ 162
後遺症逸失利益・・・・・・・・・・・・・・・・・ 61
口外禁止条項・・・・・・・・・・・・・・・・・・・ 47
強姦・強制わいせつ等・・・・・・・・・・・・・ 99
交代勤務・・・・・・・・・・・・・・・・・・・・・・・ 36
子会社・・・・・・・・・・・・・・・・・・・・・・・・ 128
個人事業主・・・・・・・・・・・・・・・・・・・・・ 28
子の看護休暇・・・・・・・・・・・・・・・・・・ 119
個の侵害・・・・・・・・・・・・・・・・・・・・・・ 110

さ行

- サークル活動・・・・・・・・・・・・・・・・・・・・・・33
- サービス残業・・・・・・・・・・・・・・・・・・・・・・32
- 再審査請求・・・・・・・・・・・・・・・・・・・・・・・・17
- 裁量労働制・・・・・・・・・・・・・・・・・・・・・・・・34
- 産後休業・・・・・・・・・・・・・・・・・・・・・・・・・146
- 産前休業・・・・・・・・・・・・・・・・・・・・・・・・・146
- 産前・産後休業・・・・・・・・・・・・・・・・・・119
- 自己保健義務・・・・・・・・・・・・・・・・・・・・・・65
- 自殺・・・・・・・・・・・・・・・・・・・・・・・・・・・・・・25
- 私傷病休職・・・・・・・・・・・・・・・・・・・・・・・171
- 自然的経過・・・・・・・・・・・・・・・・・・・・・・・・20
- 執行役員・・・・・・・・・・・・・・・・・・・・・・・・・・30
- 私的リスクファクター・・・・・・・・・・・・・39
- 死亡逸失利益・・・・・・・・・・・・・・・・・・・・・・61
- 就業規則・・・・・・・・・・・・・・・・・・・・・・・・・162
- 従前の職務・・・・・・・・・・・・・・・・・178, 183
- 周知・啓発・・・・・・・・・・・・・・・・・・・・・・・161
- 就労の機会・・・・・・・・・・・・・・・・・・・・・・・198
- 宿泊費・・・・・・・・・・・・・・・・・・・・・・・・・・・・60
- 主治医の診断・・・・・・・・・・・・・・・・・・・・・191
- 受診命令・・・・・・・・・・・・・・・・・・・・・・・・・175
- 主張・立証責任・・・・・・・・・・・・・・・・・・・・49
- 出向先・・・・・・・・・・・・・・・・・・・・・・・・・・・126
- ――の責任・・・・・・・・・・・・・・・・・・・・・・52
- 出向者・・・・・・・・・・・・・・・・・・・・・・・・・・・126
- 出向元・・・・・・・・・・・・・・・・・・・・・・・・・・・126
- ――の責任・・・・・・・・・・・・・・・・・・・・・・52
- 出産・・・・・・・・・・・・・・・・・・・・・・・・・・・・・119
- 出張・・・・・・・・・・・・・・・・・・・・・・・・・・・・・・36
- 障害補償給付・・・・・・・・・・・・・・・・・・・・・・15
- 消極損害・・・・・・・・・・・・・・・・・・・・・・・・・・60
- 証言の信用性・・・・・・・・・・・・・・・・・・・・・134
- 証拠保全手続・・・・・・・・・・・・・・・・・・・・・・46
- 使用者責任・・・・・・・・・・・・・・・・・・・48, 125
- 症状固定・・・・・・・・・・・・・・・・・・・194, 196
- 症状固定日・・・・・・・・・・・・・・・・・・・・・・・・62
- 状態への嫌がらせ型・・・・・・・・・・・・・123
- 傷病補償年金・・・・・・・・・・・・・・・・15, 195
- 消滅時効・・・・・・・・・・・・・・・・・・・・・・・・・・51
- 将来介護費・・・・・・・・・・・・・・・・・・・・・・・・59
- 職場・・・・・・・・・・・・・・・・・・・・・・・・・・・・・・96
- 職場環境配慮義務・・・・・・・・・・・・・・・126
- 職場内の優位性・・・・・・・・・・・・・・・・・106
- 職場のいじめ・嫌がらせ問題に関する円卓会議・・・・・・・・・・・・・・・・・・・・・・・・・・109
- 職場のパワーハラスメントの予防・解決に向けた提言・・・・・・・・・・・・・・・・・・・・109
- 処分不遡及の原則・・・・・・・・・・・・・・・148
- 人格権侵害に基づく不法行為責任・・・・・125
- 審査請求・・・・・・・・・・・・・・・・・・・・・・・・・・17
- 身体的接触・・・・・・・・・・・・・・・・・・・・・・・101
- 身体的な攻撃・・・・・・・・・・・・・・・・・・・・109
- 診断書・・・・・・・・・・・・・・・・・・・・・185, 186
- ストレス‐脆弱性理論・・・・・・・・・・・・・27
- 生活費控除率・・・・・・・・・・・・・・・・・・・・・・61
- 清算条項・・・・・・・・・・・・・・・・・・・・・・・・・・47
- 精神障害・・・・・・・・・・・・・・・・・・・・・・・・・・21
- 精神障害認定基準・・・・・・・・・・・・・22, 27
- 精神的な攻撃・・・・・・・・・・・・・・・・・・・・109
- 制度等の利用への嫌がらせ型・・・・・121
- セクシュアルハラスメント・・・・・・・・・94
- セクハラ・・・・・・・・・・・・94, 96, 135, 144, 150
- セクハラ指針・・・・・・・・・・・・・・・・・・・・102
- 積極損害・・・・・・・・・・・・・・・・・・・・・・・・・・58
- 素因減額・・・・・・・・・・・・・・・・・・67, 69, 84
- 葬祭料・・・・・・・・・・・・・・・・・・・・・・・・・・・・15
- 相談窓口・・・・・・・・・・・・・・・・・・・・・・・・・162
- 相当因果関係・・・・・・・・・・・・・・・・・・・・・・18
- 相当性の原則・・・・・・・・・・・・・・・・・・・・149
- 措置義務・・・・・・・・・・・・・・・・・・・・・・・・・160
- 損益相殺・・・・・・・・・・・・・・・・・・・・・70, 85
- 損害・・・・・・・・・・・・・・・・・・・・・・・・・・58, 81
- 損害賠償請求・・・・・・・・・・・・・・・・・・・・125
- ――の相手方・・・・・・・・・・・・・・・・・・・・52
- 損害賠償請求訴訟・・・・・・・・・・・・・・・・・18

た行

- 対価型セクハラ・・・・・・・・・・・・・・・・・103

退職金・・・・・・・・・・・・・・・・・・・・・・・・・・・・72
短時間勤務・・・・・・・・・・・・・・・・・・・・・119
男女雇用機会均等法11条・・・・・・・・160
男女雇用機会均等法11条1項・・・・・・96
男女雇用機会均等法11条の2・・・・・121
地位確認請求訴訟・・・・・・・・・・・・・・・143
遅延損害金・・・・・・・・・・・・・・・・・・・・・64
治癒・・・・・・・・・・・・・・・・・・・・・178, 183
懲戒委員会・・・・・・・・・・・・・・・・・・・149
懲戒処分・・・・・・・・・・・・・・・・・・・・・148
長時間労働・・・・・・・・・・・・・・・・・・・・31
治療機会の喪失・・・・・・・・・・・・・・・・40
治療費・・・・・・・・・・・・・・・・・・・・・・・58
通院交通費・・・・・・・・・・・・・・・・・・・60
通常の程度・・・・・・・・・・・・・・180, 184
付添費用・・・・・・・・・・・・・・・・・・・・・58
適正な手続・・・・・・・・・・・149, 155, 157
電子メール・・・・・・・・・・・・・・132, 150
同意・・・・・・・・・・・・・・・・・・・・・・・・136
同意書・・・・・・・・・・・・・・・・・・・・・・192
特別加入・・・・・・・・・・・・・・・・・・・・・14
特別な社会的接触の関係・・・・・・・127
取締役・・・・・・・・・・・・・・・・・・・・・・・30

な行

日記・・・・・・・・・・・・・・・・・・・・・132, 150
入院雑費・・・・・・・・・・・・・・・・・・・・・59
人間関係からの切り離し・・・・・・・110
妊娠・・・・・・・・・・・・・・・・・・・・・・・・119
妊娠・出産，育児休業等に関するハラスメント・・・・・・・・・・・・・・・・・・・・・121
妊娠・出産，育児休業等を理由とした不利益取扱い・・・・・・・・・・・・・・・・・・118
妊娠・出産，育児休業を「契機として」なされた不利益取扱い・・・・・・・・118
妊娠検診・・・・・・・・・・・・・・・・・・・・124
妊婦健診・・・・・・・・・・・・・・・・・・・・121
脳・心臓疾患・・・・・・・・・・・・・・・・・19
脳・心臓疾患認定基準・・・・・・・20, 27
ノート・・・・・・・・・・・・・・・・・・・・・・150

は行

派遣・・・・・・・・・・・・・・・・・・・・・・・・127
派遣先が講ずべき措置に関する指針・・・・127
派遣先事業主の責任・・・・・・・・・・・・53
ハラスメント・・・・・・・・・・・・・・39, 94
ハラスメント禁止規定・・・・・・・・・162
パワーハラスメント・・・・・・・・・・・94
パワハラ・・・・・・・・94, 106, 137, 144, 156
パワハラ報告書・・・・・・・・・・・・・・106
平等取扱いの原則・・・・・・・・・・・・148
復職・・・・・・・・・・・・・・・・・・・・・・・・177
不支給決定取消訴訟・・・・・・・・・・・17
不就労期間中の賃金・・・・・・・・・・・62
不法行為・・・・・・・・・・・・・・・・・・・・・48
不法行為構成と債務不履行構成の関係・・・49
プライバシー・・・・・・・・・・・・・・・・164
不利益取扱い・・・・・・・・・・・・119, 142
平均的な労働者の感じ方・・・・・・・108
弁解の機会・・・・・・・・・・・・・・・・・・149
　　──の付与・・・・・・・・・・155, 157
弁護士費用・・・・・・・・・・・・・・・・・・・64
補助参加・・・・・・・・・・・・・・・・・・・・・17
母性健康管理措置・・・・・・・・・・・・119

ま行

マタニティハラスメント・・・・・・・・94
マタハラ・・・・・・・・・・94, 117, 141, 146
未払賃金請求訴訟・・・・・・・・・・・・143
民事上の責任追及・・・・・・・・・・・・・44
免責・・・・・・・・・・・・・・・・・・・・・・・・・71
目撃者・・・・・・・・・・・・・・・・・・132, 150
持ち帰り残業・・・・・・・・・・・・・・・・・32
元請企業の責任・・・・・・・・・・・・・・・52

や行

夜間勤務・・・・・・・・・・・・・・・・・・・・・36
役員・労働者の個人責任・・・・・・・・86
予見可能性・・・・・・・・・・・・・・・・・・・79

ら行

ライプニッツ方式 62
履行猶予 71
リハビリ勤務 182
リハビリ出社 182
療養補償給付 15, 196
労災 194
労災給付 18
労災保険給付と損害賠償の調整 70
労災補償制度 13
労災補償の手続 16
労災民訴 44

労働契約上の付随義務 126
労働時間 31
労働時間管理 73
労働者 97
　――の性格 68
労働能力喪失期間 62
労働能力喪失率 61
労働能力の喪失 198
録音 133, 150

わ行

和解 47, 158

判例索引

【最高裁判所】

最判昭43・10・3 判時540号38頁 ……………………………………………… 72
最判昭44・11・26民集23巻11号2150頁 ……………………………………… 88
最判昭50・2・25民集29巻2号143頁〔陸上自衛隊八戸車両整備工場事件〕………… 28, 49
最判昭51・11・12判時837号34頁〔熊本地裁八代支部公務災害事件〕……………… 26
最判昭53・3・14民集32巻2号211頁 …………………………………………… 18
最判昭55・12・18民集34巻7号888頁〔鹿島建設・大石塗装事件〕………………… 51, 66
最判昭59・4・10労判429号12頁〔川義事件〕…………………………………… 48
最判昭61・3・13労判470号6頁〔電電公社帯広局事件〕………………………… 175, 177
最判昭61・7・14労判477号6頁〔東亜ペイント事件〕…………………………… 143
最判平3・4・11判時1391号3頁〔三菱重工神戸造船所事件〕…………………… 52
最判平3・10・25民集45巻7号1173号 …………………………………………… 130
最判平4・9・22民集46巻6号1090頁 …………………………………………… 18
最判平7・9・5労判680号28頁〔関西電力事件〕………………………………… 111
最判平8・1・23労判687号16頁〔地公災基金東京都支部長（町田高校）事件〕…… 27, 40
最判平8・3・5集民178号621頁〔地公災基金愛知県支部長（瑞鳳小学校教員）事件〕27, 41
最判平8・11・28労判714号14頁〔横浜南労基署長（旭紙業）事件〕……………… 30
最判平9・4・25労判722号13頁〔大館労基署長（四戸電気工事店）事件〕……… 38
最判平10・4・9労判736号15頁〔片山組事件〕………………………………… 178
最判平11・10・22民集53巻7号1211頁〔沖縄医療生活協同組合事件〕…………… 72
最判平12・3・24民集54巻3号1155頁〔電通事件〕……………………… 54, 68, 85, 86
最判平13・2・22労判806号12頁〔レンゴー事件〕……………………………… 18, 19
最判平15・12・4労判862号14頁〔東朋学園事件〕……………………………… 146
最判平16・12・20判タ1173号154頁 ……………………………………………… 72
最判平20・3・27民集227号585頁〔東日本電信電話事件〕……………………… 67
最判平24・2・24判タ1368号63頁 ………………………………………………… 64
最判平24・4・27民集240号237頁〔日本ヒューレット・パッカード事件〕……… 173, 175
最判平26・3・24判タ1424号95頁〔東芝（うつ病・解雇）事件〕…………………… 66, 68
最判平26・10・23労判1100号5頁〔広島中央保健生協（C生協病院）事件〕…… 117, 118, 146
最判平27・2・26労判1109号5頁〔L館事件〕…………………………………… 98, 153
最判平27・6・8労判1118号18頁〔学校法人専修大学事件〕…………………… 196, 197
最判平30・2・15金判1543号8頁〔イビケン（旧イビデン建装）元従業員ほか事件〕… 128

【高等裁判所】

東京高判昭61・11・13労判487号66頁〔京セラ事件〕……………………… 176
東京高判平5・11・12判タ849号206頁〔松蔭学園教諭自宅研修等損害賠償事件〕……… 111
名古屋高金沢支判平8・10・30労判707号37頁〔金沢セクシュアルハラスメント事件〕…… 136
東京高判平9・11・20労判728号12頁〔横浜セクシュアルハラスメント事件〕……… 100, 101
大阪高判平9・12・25労判743号72頁〔西宮労基署長(大阪淡路交通)事件〕………… 27
仙台高秋田支判平10・12・10労判756号33頁〔秋田県立農業短期大学事件〕……… 132, 150
札幌高判平11・7・9労判764号17頁〔北海道龍谷学園事件〕………………………… 179
東京高判平11・7・28労判770号58頁〔システムコンサルタント事件〕……………… 54
東京高判平12・8・9労判797号41頁〔中央労基署長(永井製本)事件〕……………… 41
大阪高判平13・3・14判労判809号61頁〔全日本空輸(退職強要)事件〕………………… 180
大阪高判平14・1・29判タ1098号234頁
　〔奈良医大アカデミックハラスメント(アカハラ)事件〕…………………… 138
東京高判平14・7・11労判832号13頁〔新宿労基署長(映画撮影技師)事件〕…………… 30
東京高判平17・4・20労判914号82頁〔A保険会社上司(損害賠償)事件〕……………… 139
大阪高判平17・6・7判労判908号72頁〔日本郵政公社(近畿郵便局)事件〕……………… 104
福岡高判平19・3・23判タ1247号242頁 ……………………………………………… 133
札幌高判平20・2・28労判968号136頁〔国・札幌東労基署長(北洋銀行)事件〕…… 33, 37
東京高判平20・5・22労判968号58頁〔松本労働基準監督署長事件〕……… 36, 40, 41, 42
福岡高判平20・8・25労経速2017号3頁〔海上自衛隊事件〕………………………… 140
東京高判平20・9・10労判969号5頁〔東京セクハラ(T菓子店)事件〕…………………… 97
東京高判平20・10・22労経速2023号7頁〔立正佼成会(うつ病自殺)事件〕……………… 80
高松高判平21・4・23労判990号134頁〔前田道路事件〕………………………… 114, 137
大阪高判平21・8・25労判990号30頁〔国・北大阪労基署長(マルシェ)事件〕…… 32, 36
名古屋高判平22・5・21労判1013号102頁
　〔地公災基金愛知県支部長(A市役所職員・うつ病自殺)事件〕……………… 112
大阪高判平22・8・26労判1016号18頁〔京都市(北部クリーンセンター)事件〕… 155, 164
東京高判平22・10・13労判1018号42頁〔国・中央労基署長(リクルート)事件〕………… 35
仙台高判平22・12・8労経速2096号3頁〔佐川急便・羽田タートルサービス事件〕……… 81
東京高判平23・3・17労判1042号15頁〔コナミデジタルエンタテインメント事件〕……… 146
大阪高判平23・5・25労判1033号24頁〔大庄ほか事件〕……………………………… 86
大阪高判平24・2・28労判1048号63頁〔P大学(セクハラ)事件〕……………………… 151
東京高判平24・3・22労判1051号40頁〔フォーカスシステムズ事件〕………………… 84
大阪高判平24・7・5労判1059号68頁〔国・橋本労基署長(バッキーズ)事件〕………… 38
東京高判平24・7・9労判1059号59頁
　〔地公災基金静岡県支部長(磐田市立J小学校)事件〕……………………………… 43
東京高判平24・8・29労判1060号22頁〔M社(セクハラ)事件〕……… 100, 126, 131, 137
大阪高判平24・12・13労判1072号55頁〔アイフル(旧ライフ)事件〕…………… 16, 200
大阪高判平25・3・14労判1075号48頁〔国・天満労基署長(CSK・うつ病自殺)事件〕… 27

大阪高判平25・10・9労判1083号24頁〔アークレイファクトリー事件〕……………… 112
東京高判平25・11・27労判1091号42頁〔横河電気（SE・うつ病罹患）事件〕…………… 60
大阪高判平25・12・20労判1090号21頁〔東レエンタープライズ事件〕………………… 97, 127
大阪高判平26・3・28労判1099号33頁…………………………………………………………… 153
仙台高判平26・6・27労判1100号26頁〔岡山貨物運送事件〕…………………………………… 90
東京高判平27・2・26労判1117号5頁〔ティー・エム・イーほか事件〕………………… 53, 79
大阪高判平27・9・25労判1126号33頁〔国・池袋労基署長（光通信グループ）事件〕…… 31
高松高判平27・10・30労判1133号47頁〔四国化工機ほか1社事件〕………………………… 53
東京高判平28・4・27労判1158号147頁〔市川エフエム放送事件〕………………………… 84
東京高判平28・8・31労判1147号62頁〔東芝（うつ病・解雇〔差戻審〕）事件〕…… 64, 66
東京高判平28・9・12労判1147号50頁〔学校法人専修大学事件〕…………………… 196, 198
福岡高判平28・11・10労判1151号5頁〔糸島市事件〕………………………… 43, 76, 82, 83
名古屋高判平28・12・1労判1161号78頁
　　〔国・岐阜労働基準監督署長（アピコ関連会社）事件〕……………………………… 41
福岡高判平29・1・18労判1156号71頁〔A庵経営者事件〕…………………………………… 81
名古屋高判平29・2・23労判1160号45頁〔国・半田労働基準監督署長事件〕……………… 40

【地方裁判所】

浦和地判昭40・12・16労判15号6頁〔平仙レース懲戒解雇事件〕………………………… 178
横浜地川崎支決昭49・1・26労民25巻1・2号12頁〔日本工業検査時間外手当請求事件〕… 36
水戸地竜ヶ崎支判昭55・1・18労経速1056号21頁〔東洋特殊土木事件〕………………… 195
静岡地沼津支判昭59・2・29労判436号70頁〔岳南鉄道事件〕……………………………… 148
名古屋地判平元・7・28労判567号192頁〔光洋運輸事件〕………………… 194, 196, 199
名古屋地判平2・4・27労判576号62頁〔名古屋埠頭事件〕……………………… 198, 199
大阪地決平2・8・31労判570号52頁〔大阪築港運輸事件〕…………………… 195, 198, 199
福岡地判平4・4・16労判607号6頁〔福岡セクシュアルハラスメント事件〕……… 101, 125
東京地判平7・12・4労判685号17頁〔バンク・オブ・アメリカ・イリノイ事件〕… 111, 144
大阪地判平8・7・31労判708号81頁〔日本電信電話（大阪淡路支店）事件〕…………… 149
秋田地判平9・1・28判時1629号121頁〔秋田県立農業短期大学事件〕…………………… 132
熊本地判平9・6・25判時1638号135頁〔熊本バドミントン協会役員事件〕……… 135, 136
津地判平9・11・5労判729号54頁
　　〔三重セクシュアルハラスメント（厚生農協連合会）事件〕…………………… 103, 126
和歌山地判平10・3・11判タ988号239頁〔和歌山セクハラ（青果卸売業）事件〕……… 102
福岡地判平10・6・10労判741号19頁〔北九州西労基署長ほか（教育出版）事件〕… 34, 38
大阪地判平10・12・21労判756号26頁〔大阪セクハラ（S運送会社）事件〕……………… 101
横浜地判平11・9・21労判771号32頁〔神奈川中央交通（大和営業所）事件〕…… 108, 111
神戸地判平11・10・26判タ1042号148頁〔療養補償給付金等不支給処分取消請求事件〕… 38
大阪地判平11・12・13判タ1050号165頁〔大阪府知事セクハラ事件〕……………………… 99
東京地判平12・3・10判時1734号140頁〔東京設備会社事件〕………………………… 135, 144
大阪地判平12・4・28労判789号15頁〔O観光事件〕…………………………………… 152, 154

千葉地松戸支判12・8・10判タ1102号216頁･･････････････････････････････････････ 102
東京地判平12・8・29労判794号77頁〔A製薬（セクハラ解雇）事件〕･･････････ 102, 152, 154
大阪地判平15・4・16労判849号35頁〔大建工業事件〕･･････････････････････････ 187
和歌山地判平15・7・22労判860号43頁
　〔和歌山労基署長（NTT和歌山設備建設センター）事件〕････････････････････････ 32
東京地判平15・8・26労判856号87頁〔東京セクハラ（航空会社派遣社員）事件〕･･････ 127
神戸地尼崎支判平15・10・7労判860号89頁〔熊本セクハラ（教会・幼稚園）事件〕････ 103
大阪地判平15・10・29労判866号58頁〔大阪中央労基署長（おかざき）事件〕･･････････ 30
広島地判平16・3・9労判875号50頁〔A鉄道（B工業C工場）事件〕････････････････ 53
横浜地判平16・7・8労判880号123頁〔A市職員（セクハラ損害賠償）事件〕･･･････ 103
富山地判平17・2・23労判891号12頁〔トナミ運輸事件〕･･････････････････････････ 145
福岡地判平17・3・31判タ1196号106頁･･ 133
和歌山地判平17・4・12労判896号26頁〔中の島（ホテル料理長）事件〕･････････ 54, 79
東京地判平17・10・4労判904号5頁〔ヨドバシカメラ事件〕････････････････････ 128
東京地判平18・2・6労判911号5頁〔農林漁業金融公庫事件〕･････････････････ 174
札幌地判平18・2・28労判914号11頁〔札幌東労基署長（北洋銀行）事件〕･･････ 32, 33
広島地判平19・3・13労判943号52頁〔広島セクハラ（生命保険会社）事件〕･･････ 97
京都地判平19・4・26LLI/DBL06250125･････････････････････････････････････ 134
大阪地判平19・6・6労判952号64頁〔国・中央労基署長（興国鋼線索）事件〕･･････ 37
東京地判平19・10・15労判950号5頁〔国・静岡労基署長（日研化学）事件〕･･････ 39
福岡地判平19・10・24判時1998号58頁〔ハヤシ（くも膜下出血死）事件〕････ 69, 72
名古屋地判平19・11・30労判951号11頁
　〔国・豊田労基署長（トヨタ自動車）事件〕････････････････････････ 33, 34, 36, 38
名古屋地判平20・2・20労判966号65頁
　〔みなと医療生活協同組合（協立総合病院）事件〕･････････････････････････ 146
大阪地判平20・4・28労判970号66頁〔天辻鋼球製作所（小脳出血等）事件〕･･････ 59
大阪地判平20・5・26判タ1295号227頁〔富士通四国システムズ事件〕･･･････････ 69
松山地判平20・7・1労判968号37頁〔前田道路事件〕････････････････････････ 114
名古屋地判平20・10・30労判978号16頁〔トヨタ自動車ほか事件〕･･････････････ 69
東京地判平20・12・8労判981号76頁〔JFEスチール（JFEシステムズ）事件〕･･････ 53, 75
東京地判平21・1・16労判988号91頁〔ヴィナリウス事件〕････････････････････ 112
横浜地判平21・2・26労判983号39頁
　〔国・相模原労基署長（三洋電機東京食品設備）事件〕･････････････････････ 31, 37
東京地判平21・3・25労判990号139頁〔国・中央労基署長（リクルート）事件〕･･････ 35
東京地判平21・4・24判時987号48頁〔Y社（セクハラ・懲戒解雇）事件〕･････････ 152
東京地判平21・6・12労判991号64頁〔骨髄移植推進財団事件〕･････････････････ 144
大阪地判平21・12・21判時1003号16頁〔グルメ杵屋事件〕･･････････････････ 54, 75, 83
東京地判平21・12・24労経速2068号3頁〔アールインベストメントアンドデザイン事件〕
　･･ 197
大阪地判平22・1・29労判1003号92頁〔T運送事件〕･････････････････････････ 156

大阪地判平22・2・15判時2097号98頁〔日本通運（大阪・自殺）事件〕……………………80
鹿児島地判平22・2・16労判1004号77頁〔康正産業事件〕………………………58, 59, 65
東京地判平22・3・24労判1008号35頁〔J学園（うつ病・解雇）事件〕………………187
東京地判平22・4・20労経速2079号26頁〔X社事件〕………………………………………136
大阪地判平22・6・7労判1014号86頁〔国・天満労基署長（S学園）事件〕……………32
大阪地判平22・6・23労判1019号75頁〔国・京都下労基署長（富士通）事件〕…39, 107
東京地判平22・9・14労経速2086号31頁〔ティーエムピーワールドワイド事件〕…138, 145
前橋地判平22・10・29労判1024号61頁〔メディスコーポレーション事件〕……………89
東京地判平22・12・27判タ1360号137頁〔富士通エフサス事件〕………99, 105, 134, 152
東京地判平23・2・23労判1022号5頁〔東芝（うつ病・解雇）事件〕…………………200
神戸地姫路支判平23・2・28労判1026号64頁〔マツダ（うつ病自殺）事件〕…………80
東京地判平23・3・2労判1027号58頁〔国・三鷹労基署長（いなげや）事件〕………37
東京地判平23・3・25労判1032号65頁
　　〔国・川崎北労基署長（富士通ソーシアルサイエンスラボラトリ）事件〕…………26
東京地判平23・4・18労判1031号16頁〔国・足立労基署長（クオーク）事件〕………27
東京地判平23・7・26労判1037号59頁〔河野臨牀医学研究所事件〕……………………157
東京地判平23・7・28労経速2123号10頁〔学校法人甲音楽大学事件〕…………………151
大阪地判平23・9・16労判1037号20頁〔P大学（セクハラ）事件〕……………………151
大阪地判平23・10・26労判1043号67頁
　　〔国・大阪中央労基署長（ノキア・ジャパン）事件〕………………………………34
横浜地裁平23・12・26労判1057号168頁〔労働審判事件〕…………………………………122
東京地判平24・1・31労判1060号30頁〔M社（セクハラ）事件〕…………………………137
大阪地判平24・3・30労判1093号82頁〔富士通関西システムズ事件〕……………106, 113
甲府地判平24・10・2労判1064号52頁〔日本赤十字社（山梨赤十字病院）事件〕……80
東京地判平25・1・31労経速2185号3頁〔伊藤忠商事事件〕……………180, 183, 198
大分地判平25・2・20労経速2181号3頁〔K化粧品販売事件〕……………………………108
神戸地判平25・3・13労判1076号72頁〔O社事件〕…………………………………………72
大阪地判平25・11・8労判1085号36頁〔学校法人A学院ほか事件〕……………152, 153
京都地判平26・7・3労判1103号70頁
　　〔国・京都下労基署長（ケー・エム・フレッシュ）事件〕……………………………38
千葉地松戸支判平26・8・29労判1113号32頁〔住友電工ツールネット事件〕……75, 83
東京地判平26・9・17労判1105号21頁
　　〔国・八王子労基署長（東和フードサービス）事件〕…………………………………26
東京地判平26・12・15労判1112号27頁〔国・中央労基署長（JFEスチール）事件〕…20, 36
横浜地決平27・1・14労判1120号94頁
　　〔コンチネンタル・オートモーティブ（仮処分）事件〕……………………………189
札幌地判平27・4・17労判1134号82頁〔医療法人社団恵和会ほか事件〕………………133
千葉地判平27・7・28労判1127号84頁………………………………………………………84
岐阜地大垣支判平27・8・27労判1157号74頁〔イビデン建装元従業員ほか事件〕……98
東京地判平28・3・16労判1136号109頁〔ネットワークインフォメーションセンター事件〕……88

東京地判平28・3・16労判1141号37頁
　〔ネットワークインフォメーションセンターほか事件〕‥‥‥‥‥‥‥‥‥‥ 53, 73
京都地判平28・4・12労判1139号5頁〔仁和寺事件〕‥‥‥‥‥‥‥‥‥ 62, 76, 78
福岡地小倉支判平28・4・19労判1140号39頁〔ツクイほか事件〕‥‥‥‥‥‥‥ 141
前橋地高崎支判平28・5・19労判1141号5頁〔ヤマダ電機事件〕‥‥‥‥‥‥ 57, 80
東京地判平28・7・19労判1150号16頁〔クレディ・スイス（懲戒解雇）事件〕‥‥‥‥ 152
大阪地判平28・11・21労判1157号50頁〔国・川越労基署長（C工務店）事件〕‥‥‥‥ 30
大阪地判平28・11・25労判1156号50頁〔山元事件〕‥‥‥‥‥‥‥‥ 73, 77, 83
東京地判平28・12・21労判1158号91頁〔国・厚木労基署長（ソニー）事件〕‥‥‥‥ 39
津地判平29・1・30労判1160号72頁〔竹屋ほか事件〕‥‥‥‥‥‥‥‥‥‥‥ 76
東京地判平29・1・31労経速2309号3頁〔医療法人社団X事件〕‥‥‥‥‥‥‥‥ 18
東京地立川支判平29・1・31労判1156号11頁〔TRUST事件〕‥‥‥‥‥‥‥‥ 147
東京地判平29・7・3労経速2332号3頁〔シュプリンガー・ジャパン事件〕‥‥‥‥ 147
東京地判平29・11・30労経速2337号3頁〔東京電力パワーグリッド事件〕‥‥‥‥ 191

《著者紹介》

荒井　太一（あらい　たいち）

〔略　歴〕
平成14年　慶應義塾大学法学部卒業
平成15年10月　弁護士登録（東京弁護士会）
平成21年　バージニア大学ロースクール卒業
平成22年1月　ニューヨーク州弁護士登録
平成21年〜23年　米国三井物産株式会社，三井物産株式会社出向
平成27年〜28年　厚生労働省労働基準局出向

〔主要著書〕
『企業訴訟実務問題シリーズ　労働訴訟―解雇・残業代請求』（中央経済社，2017年，共著）
『企業の情報管理―適正な対応と実務』（労務行政，2016年，共著）
『M&A法体系』（有斐閣，2015年，共著）
『実践　就業規則見直しマニュアル』（労務行政，2014年，編著）
『震災法務Q&A　企業対応の実務』（金融財政事情研究会，2011年，編著）

安倍　嘉一（あべ　よしかず）

〔略　歴〕
平成12年　東京大学法学部卒業
平成17年10月　弁護士登録（第一東京弁護士会）

〔主要著書〕
『現代型問題社員対策の手引（第4版）』（民事法研究会，2012年，共著）
『ケースで学ぶ労務トラブル解決交渉術』（民事法研究会，2013年）
『企業情報管理実務マニュアル』（民事法研究会，2015年，共著）
『企業訴訟実務問題シリーズ　労働訴訟―解雇・残業代請求』（中央経済社，2017年，共著）
『従業員の不祥事対応実務マニュアル』（民事法研究会，2018年）

森田　茉莉子（もりた　まりこ）

〔略　歴〕
平成17年　東京大学法学部卒業
平成19年　東京大学法科大学院修了
平成20年9月　弁護士登録（第二東京弁護士会）
平成26年　ニューヨーク大学ロースクール修了
平成27年5月　ニューヨーク州弁護士登録
平成26年〜27年　Epstein Becker & Green法律事務所で執務
平成28年〜29年　米国連邦政府・雇用機会均等委員会，ADR Unitで執務

岩澤　祐輔（いわさわ　ゆうすけ）

〔略　歴〕
平成25年　東京大学法学部卒業
平成27年12月　弁護士登録（第二東京弁護士会）
〔主要著書〕
『ドローン・ビジネスと法規制』（清文社，2017年，共著）
『CVC コーポレートベンチャーキャピタル―グローバルビジネスを勝ち抜く新たな経営戦略』（ダイヤモンド社，2017年，共著）
『コンプライアンスのための金融取引ルールブック（第17版）』（銀行研修社，2018年，共著）

企業訴訟実務問題シリーズ
過重労働・ハラスメント訴訟

2018年9月20日　第1版第1刷発行

編　者　　森・濱田松本法律事務所

著　者　　荒　井　太　一
　　　　　安　倍　嘉　一
　　　　　森　田　茉莉子
　　　　　岩　澤　祐　輔

発行者　　山　本　　　継

発行所　　㈱中央経済社

発売元　　㈱中央経済グループ
　　　　　パブリッシング

〒101-0051　東京都千代田区神田神保町1-31-2
電話　03 (3293) 3371 (編集代表)
　　　03 (3293) 3381 (営業代表)
http://www.chuokeizai.co.jp/
印刷／昭和情報プロセス㈱
製本／㈲井上製本所

Ⓒ 2018
Printed in Japan

＊頁の「欠落」や「順序違い」などがありましたらお取り替えいたしますので発売元までご送付ください。（送料小社負担）

ISBN978-4-502-27641-5　C3032

JCOPY〈出版者著作権管理機構委託出版物〉本書を無断で複写複製（コピー）することは，著作権法上の例外を除き，禁じられています。本書をコピーされる場合は事前に出版者著作権管理機構（JCOPY）の許諾を受けてください。
JCOPY〈http://www.jcopy.or.jp　eメール：info@jcopy.or.jp　電話：03-3513-6969〉